삼원색에서 배운
융합과 창조의 원리

삼원색에서 배운
융합과 창조의 원리

최 상 준 지음

책마을

목차

프롤로그

-
-
-

1. 진보를 위한 4단계 법칙 (4 Step Rule to Advance)　　• 14
    - Passive(1.0) / Positive(2.0) / Active(3.0) / Creative(4.0)
    - 문명 4.0 / 건강 4.0 / 에너지 4.0 / 복지 4.0

2. 21세기 뉴 패러다임 - Be Creative!　　• 31

3. 인류의 문명 창조　　• 37
    1) 서양 : 자연관찰(Observation)을 통한 물질문명 창조 /
    2) 동양 : 내적성찰(Introspection)을 통한 정신문명 창조 /
    3) 동양과 서양문명의 융합 /

4. 삼원색 창조원리　　• 61
   1단계) 본질적 요소 / 가치를 파악(Identify)하라 / 41
    - 이기이원론, 이기일원론, 사단칠정논쟁
    - 꿈찾기

   2단계) 관계적으로 통합(화목, Reconciliation)하라 / 52
    - 윌슨의 통섭(Consilience 統攝)
    - 원효의 통섭(通攝)
    - 관계적 통합(Relational Integration), 아우름
    - 삼태극(The Great Harmony)

   3단계) 도전(Challenge)하라 / 55

-
-
-

5. 삼원색 창조원리와 유교, 불교, 기독교 • 96

6. 구하라, 찾으라, 두드리라 • 98

7. 내적 성찰(理)과 외적 구현(氣) • 101

8. 삼원색 마인드 맵 / 삼원색 인재 • 107

9. 삼원색 창조원리의 실제 적용 • 111

10. 10. 국민운동 : 통합기능운동 • 147
(Integrative Functional Training)

에필로그 • 175
  흑백의 시대에서 컬러의 시대로

권말부록

• 177

┃칼럼

- 명품 / 179
- 헌 집 줄게 새집 다오 / 181
- 통증, 저주인가 축복인가 / 184
- 두 종류의 병, 두 부류의 의사 / 190
- 수석과 함께 하는 즐거움 / 193
- 물 같은 운동, 콜라 같은 운동 / 195
- 근골격계 질환, 전 국민 직업병이라고? / 200
- 피지오에너지(Physioenergy)와 통합기능운동(I.F.T) / 203
- 인간중심의 의료를 꿈꾸며 / 206
- 힘내라, 대한민국 IT! / 208
- 하이힐, 그 치명적인 유혹 / 210
- 인간중심의 의료를 꿈꾸며 / 212
- 골프, 안정성(Stability)과 역동성(Dynamic)의 조화 / 214

┃보도자료

- 평화연합신경외과의 환자 맞춤형 비수술적 디스크치료 / 217
- '새로운 의료서비스의 시작', 평화신경외과 / 220

프롤로그

한 나무꾼이 산에서 신선을 만나 바둑 한 판 두고 내려왔더니 그 사이 세상에는 수십 년의 세월이 흘러 곱던 색시는 할머니가 되어있고, 친구들도 다 영감이 되었더라는 옛 얘기가 있습니다. 새로운 천 년이 열리면서 공상과학 소설에 나오던 21세기가 시작된 지도 벌써 10여 년이 흘렀습니다. 21세기의 특징 중 하나는 지난 시대에 비하여 변화의 속도가 엄청나게 빠르다는 것입니다. 옛날엔 '동에 번쩍,

서에 번쩍'이 도사나 도깨비들만 가능했지만 지금은 현실에서도 동과 서뿐 아니라 남과 북, 하늘과 땅에서 동시에 번쩍하는 시대가 되었습니다. 심지어 지구 반대편과도 실시간으로 소통하는 시대가 되었습니다. 변화의 속도로 볼 때 지금 우리가 하루나 1달을 사는 것은 이전 세대에서 1년 혹은 10년을 사는 것과 마찬가지입니다. 만약 지금 우리가 하루, 1달을 허비한다면 과거의 1년, 10년을 허비하는 것과 같습니다. 세상은 빛의 속도로 변해가고 있습니다. 그 흐름을 놓치는 순간 영원히 도태될 수 있습니다. 하루 저녁 술 마시고 시간을 죽이는 사이 지구 한편에서는 구글 같은 기업이 새로 생겨나고 또 공룡 같던 기업들이 망해가고 있습니다. 다행히 우리 한민족은 변화에 적응하며 새로운 것을 창조하는 놀라운 DNA를 갖고 있습니다. 봄 여름 가을 겨울의 역동적인 자연, 수많은 외적의 침입, 파란만장한 역사를 통해 단련된 우리의 DNA가 빛을 발할 수 있는 시대가 도래하였습니다.

2000년 9월 새로운 천년을 맞아 UN에서는 밀레니엄 프로젝트로써 2015년까지 193개 회원국과 23개 국제조직이 함께 수행할 8개항의 유엔새천년개발목표(the Millenium Development Goals:MDGs)를 발표했습니다. 그 내용을 보면 다음과 같습니다.

- MDG1 eradicating extreme poverty and hunger(극심한 기아와 빈곤 퇴치) 하루 1불미만으로 살아가는 인구의 비율을 절반으로 줄이고, 기아로 고통 받는 인구 비율을 절반으로 줄인다.(전 세계 12억 명이 하루 1달러 미만으로 살아가고 있다)

- MDG2 achieving universal primary education(보편적인 초등교육 달성) 모든 남여 어린이가 초등교육 과정을 마치도록 한다.(1억1천3백만 명의 어린이가 학교를 다니지 못한다)

- MDG3 promoting gender equality and empowering women(양성 평등 촉진과 여권 신장) 2005년까지 초중등학교에서의 남여 교육 불평등을 없애고, 2015년까지 모든 학교에서 불평등을 없앤다.(전 세계 문맹의 2/3이 여성이며, 난민의 80%가 여성이다)

- MDG4 reducing child mortality rates(유아 사망률 감소) 5세 미만의 유아사망률을 2/3으로 줄인다.(매년 천백만 명의 어린이들이 사망한다)

- MDG5 improving maternal health(임산부 건강증진) 모성사망률을 3/4로 줄인다.(개발도상국 어린이 48명 중 1명이 사망한다)

- MDG6 combating HIV/AIDS, malaria, and other diseases(에이즈, 말라리아, 기타 질병들의 퇴치) 에이즈의 감염확산을 막거나 크게 줄인다. 말라리아나 다른 질병의 발생을 중지시키거나 크게 줄인다.(위협적인 질병은 개발의 노력을 수포로 만든다)

- MDG7 ensuring environmental sustainability(환경보전의 지속) 각국의 정책이 지속가능한 개발 원칙에 따라 환경 자원을 파괴하지 않는 방향으로 이루어지도록 한다. 안전한 식수를 얻지 못하는 인구의 비율을 반으로 줄인다. 2020년까지 최소한 백만 명의 빈민지

역 거주민들의 삶을 크게 향상시킨다.

- MDG8 developing a global partnership for development.(개발을 위한 범세계적인 파트너십 구축)

이러한 MDG 는 현재 성공적으로 추진되어 2015년 종료를 앞두고 있으며, 이후로는 지속가능한 발전(Sustainable Development Goals : SDGs) 이 국제사회의 새로운 어젠더가 될 전망입니다. 새천년개발목표(MDGs)가 가장 시급하고 발전의 기본이 되는 내용들이었다면 2016년부터 시행될 것으로 예상되는 지속가능한 발전목표(SDGs)는 그 위에 지속가능한 도시와 지속가능한 소비와 생산 등 보다 적극적인 발전목표들이 추가될 예정이라고 합니다.

21세기인 지금 세계적인 경제, 사회 문화의 패러다임이 변하고 있습니다. 발전의 목표가 경제성장(Economical Growth)에서 경제성장과 사회개발, 환경보호를 함께 추구하는 지속가능한 발전(Sustainable Development)으로 바뀌고 있습니다.

이렇게 전 지구적 차원에서 21세기를 맞아 어떤 가치를 추구해야 할 것인지 고민하고 있는 이때, 우리도 개인의 삶과 내가 속한 공동체, 사업장 더 나아가 우리 대한민국이 21세기를 맞아 어떤 가치를 추구해야 할지에 관하여 우리 모두가 고민하고 결단하여 실행을 해야 합니다. 그러나 진보와 보수, 성장과 복지 등 서로 다른 가치관의 갈등과 지역 간, 계층 간, 세대 간의 갈등으로 국론이 분열되어 나라가 흔들리고 있습니다.

21세기를 우리의 시대로 만들기 위해서는 서로 다른 가치관과 이 모든 갈등을 극복하고, 우리 안의 다양한 목소리를 담아낼 수 있는 새로운 그릇(이론), 우리 국민 한 사람도 소외됨이 없이 모두가 자신의 역할을 발견하고 참여하게 할 수 있는 새로운 패러다임이 필요합니다.

부족하나마 이 글이 우리 온 국민이 힘을 모아 이 천재일우의 기회를 놓치지 않고 창조적 국가혁신을 이루어 우리 대한민국이 21세기 세계의 중심국가로 비상하는 데 도움이 되기를 바랍니다.

이 책이 나오기까지 영감을 주신 하나님, 천국에 계신 아버지, 항상 곁에서 지지해준 사랑하는 아내와 아이들, 지도해주신 박대팔·권광보·조수호·최병연 교수님, 박희종 목사님 또 가까이 있으면서도 제대로 마음 써주지 못해 늘 미안한 친구들과 병원, 회사 식구들, 애써주신 출판사 관계자 여러분께 깊이 감사드립니다.

2014년 2월　　**최 상 준**

1. 진보를 위한 4단계 법칙
   (4 Step Rule for Advancement)

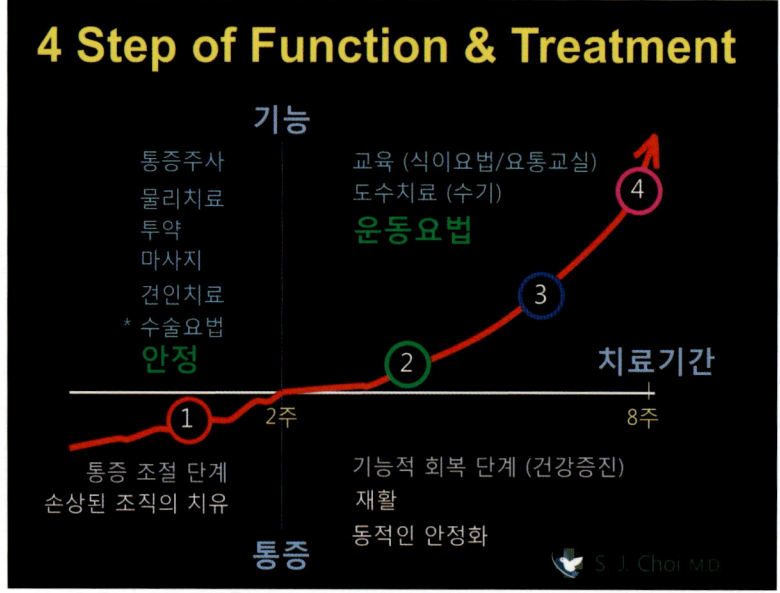

저는 1994년 신경외과 전문의가 된 이후 머리, 허리, 어깨 통증 환자들을 수술 없이 또 재발 없이 치료하고자 노력하고 있습니다. 이 그림은 재발 없는 통증치료의 원리를 한 장의 표로 그려본 것입니다.

우리 몸의 상태는 그 기능에 따라 다음과 같이 4단계로 나눌 수 있습니다. 마이너스상태로 나타낸 〈1단계〉는 통증으로 인해 일상생활의 수행이 힘들고, 심한 경우 통증으로 인해 잠도 못 자는 상태입니다. 〈0〉은 통증이 없는 상태이며, 〈2단계〉는 머리감기, 화장실 가기 등 일상생활이 가능한 상태, 〈3단계〉는 자신의 직업을 수행하거나 계단 오르기 등 좀 무리한 동작도 가능한 상태, 〈4단계〉는 백두산 등정이나 세계 일주처럼 자신이 원하는 삶을 살 수 있는 상태를 말합니다. 사람을 그 기능적 상태에 따라 분류하면 누구나 이 4단계 가운데 어느 하나에 속해 있습니다.

마이너스 상태인 〈1〉단계에 속한 사람에게는 통증에서 벗어나게 해주는 '통증치료'가 필요합니다. 통증을 치료하기 위해서는 먼저 통증을 잘 이해를 해야 합니다. 저는 통증을 병적인 통증(Pathologic Pain)과 생리적인 통증(Physiologic Pain)으로 나누고 있습니다. '병적인 통증'이란 골절이나 디스크돌출로 인한 신경압박, 혹은 맹장염이나 암처럼 병이 있을 때 나타나는 통증입니다. 이때는 병의 '원인'도 중요하지만 먼저 통증의 원인이 되는 '병' 자체를 치료하는 것이 필요합니다. 먼저 '병'을 치료한 다음 그 '원인'을 찾아 재발하지 않도록 해야겠지요. 술을 많이 먹어서 위에 구멍이 나서 배가 아프다면, 혹은 허리를 무리하게 써서 디스크가 파열되었고 신경을 압박하여 하지운동 약화가 왔다면 일단 먼저 위장수술이나 디스크수술이 필요합니다. 그 다음에 생활을 개선해 술을 끊거나, 허리의 기능을 회복할 수 있는 있는 운동요법을 해야 합니다.

한편 '생리적인 통증'이란 많이 걸을 때 다리가 아프다거나, 오래 앉아있거나 물건을 많이 들면 허리가 아픈 것, 무거운 것을 많이 들면 팔이 아픈 것과 같은 것입니다. 이때는 통증에 대한 증상치료를 하면서 동시에 그 원인이 되는 동작을 피하고 생활을 개선해야 통증에서 벗어날 수 있습니다. 그런데 그 원인이 되는 생활을 개선하려는 노력은 하지 않고 병 치료에만 의존하는 것을 많이 봅니다. 결국은 증상의 호전이 없어 수술 같은 방법을 찾게 되고, 수술하고도 증상의 호전이 없거나 재발하는 경우가 많이 있습니다. 많은 통증환자들은 그 통증의 원인이 되는 동작들을 계속하기 때문에 치료를 해도 증상의 호전이 없는 것입니다. 주로 그 원인이 되는 동작들이 자신의 습관이나 직업과 관련된 경우가 많기 때문에 알고도 못 고치는 경우도 많습니다. 그래도 원인을 알고 개선하고자 노력하는 것만이 그 통증에서 벗어날 수 있는 가장 좋은 방법입니다.

많은 사람들이 디스크수술을 하게 되면 완치되어 다시는 통증이 없을 것으로 기대하지만 사실은 수술을 하는 것도 다른 치료와 마찬가지로 마이너스 상태를 0로 만들어 주는 것, 다시 말하면 과거에 발생한 통증을 없애주는 것이지, 미래의 통증 없는 삶을 보장해 주는 것은 아닙니다. 1단계에 속한 환자에게는 의사의 치료나 안정이 필요합니다. 대개 2주 정도 시간이 지나면 대부분의 생리적인 통증은 소실됩니다. 즉 1단계에서는 대부분의 치료자가 치료를 담당하게 되며 환자가 할 수 있는 것은 그냥 일을 줄이고 안정하는 것뿐입니다.

그러나 2,3,4단계 즉 재발방지와 기능 회복을 위해서는 환자 자신이 치료의 주체가 되어야 합니다. 교육을 통해 통증을 이해하고 직장의 환경이나 일상생활의 습관에 대한 개선노력이 필요합니다. 가장 적극적으로 기능 회복하는 방법은 바른 자세를 유지하며 좋은 운동을 꾸준히 하는 것입니다. 또한 환자의 상태나 직업, 추구하는 삶의 목표에 따라 개별적이며 창조적인 맞춤형 기능회복프로그램이 있어야 합니다.

그래서 저는 2003년부터 병원 내에 운동센터를 설치하였고, 2008년에는 창조적 운동(Activity Creative Exercise)프로그램인 통합기능운동(IFT Integrated Functional Training)을 창안했습니다. 또한 협회를 설립하여 지도자를 양성하고 있으며, 병원은 물론 요양원, 체육관, 산업현장, 주민센터 등에 통합기능운동을 널리 보급하고, 국민건강증진과 스포츠산업의 활성화, 운동을 통한 사회통합, 지역발전, 국가혁신에 기여할 뿐 아니라 전 세계의 운동단체들과 대등하게 교류하여 우리나라의 위상을 높이고자 노력하고 있습니다.

저는 이러한 저의 진료경험을 토대로 하여 일반적인 진보의 과정을 4단계로 나누어 보았습니다. 이 4단계 진보의 과정을 나무에 비유한다면 1단계는 뿌리, 2단계는 나무 몸통, 3단계는 가지와 잎이라 할 수 있고, 4단계는 꽃피고 열매 맺는 것에 비할 수 있습니다.

모든 나무가 조건이 맞으면 새싹이 나고 몸통과 가지가 자라고 이파리가 무성해지며 꽃피고 열매를 맺듯이, 저는 하나님이 주신 우리 한 사람 한 사람의 삶도 자신의 꿈을 이루는 4단계의 삶을 살 수 있다고 믿습니다.

그러나 평생 1단계에 머물러 다른 사람의 도움을 받고 살아가는 사람도 있고, 2단계, 3단계에서 만족하는 사람도 있습니다. 2,3단계의 삶은 가지와 잎이 무성한 나무처럼 멋지기는 하지만 열매를 맺지 못하는 나무와도 같아서 다른 사람에게 도움을 주는 삶이 아니라 열심히 악착같이 자신만을 위한 삶을 살아가는 사람입니다. 꽃피고 열매를 맺는 나무와 같이 다른 사람에게 좋은 영향을 끼치며 도움을 주는 4단계의 삶이야말로 가장 높은 가치의 삶이라 할 수 있습니다.

자연계에는 수많은 과일들이 있는데 이 과일들은 절대적인 기준으로 우열을 가릴 수가 없습니다. 사과와 딸기를 객관적으로 비교할 수 있겠습니까? 20세기 산업화 시대에는 같은 나무 중에서도 많은 열매를 맺는 나무를 귀하게 여겼습니다만, 21세기 창조의 시대에는 세상에 없던 새로운 나무, 하나밖에 없는 나무가 최고의 가치가 되고 있습니다.

만약 세상에 하나 밖에 없는 열매를 맺는 나무가 있다면 그 값이 얼마가 될까요?

그런데 나무도 꽃피고 열매 맺기 전에 그 싹이나 뿌리만 봐서는 무슨 나무인지 잘 모르는 것처럼 우리 사람들도 어릴 때는 자기가 어떤 분야에 재능이 있는지, 무엇을 잘 할 수 있는지 잘 알지 못합니다. 동양에서 나이 50을 지천명(知天命)이라 하지요? 이때가 되어서야 비로소 아, 내가 사과나무구나, 나는 딸기구나, 나는 이런 일을 하기 위해 태어났구나, 라고 알게 된다는 것입니다. 맹목적으로 다른 사람을 따라 살려고 애쓰는 것은 사과나무가 딸기가 되려고 노력하는 것과 같습니다. 우리나라 많은 사람들이 의사나 변호사, 판사가 되겠다고 애쓰다가 다른 길로 가는 경우가 많습니다. 그들도 자신만의 훌륭한 열매를 맺을 수 있는 사람들인데 그렇게 시간을 허비하는 것은 참으로 안타까운 일입니다.

제가 좋아하는 말 중에 "Be all that you can be 네가 될 수 있는 최고의 것이 되라." 라는 말이 있습니다. 사람은 그 삶을 두고 객관적으로 가치를 비교할 수 없습니다. 단지 그 사람이 자신만이 할 수 있는 최고의 열매를 맺었는가 하는 것이 중요합니다. 그러나 많은 사람들이 자신이 무슨 나무인지도 모르고 일생을 마치거나, 뿌리 혹은 나무 몸통 수준의 삶에서 머물러 있는 것을 볼 때 너무나 안타깝습니다. 지금도 우리나라에는 하루에 45명의 고귀한 생명이 자살을 하고 있습니다. 자기 생명의 가치를 깨닫지 못하고 꽃피고 열매 맺는 삶에 대한 희망을 보지 못한 것입니다. 만약 지금 아무리 어려운 상황이라 하더라도 꽃피고 열매 맺는 삶에 대한 희망이 있다면 자살을 택하지는 않을 것입니다.

어떻게 하면 꽃피고 열매 맺는 삶을 살 수가 있을까요? 어떻게 하면 우리 모두가 4단계의 창조적인 삶, 자신의 가치를 발견하고 자신이 할 수 있는 최선의 삶을 누리며 죽는 날이 인생의 클라이맥스가 되는 삶을 살 수 있을까요?

하나님은 자신의 형상을 따라 사람을 만들었다고 성경에 기록되어 있습니다. 나의 존재가 세상에서 가장 귀한 신의 걸작 명품임을 발견하는 것에서 창조적인 삶이 시작됩니다. 창조적인 삶이란 이 세상에 단 한 그루밖에 없는 나무가 되는 것과 같습니다. 저는 이것을 〈창조의 나무 : Tree of Creation〉라 부릅니다. 누가 시키는 대로, 부모가 시키는 대로 따라 하는 수동적(Passive)자세로는 1단계(1.0) 뿌리 정도의 삶밖에 살 수가 없습니다. 2단계(2.0) 나무 몸통 정도의 삶을 위해서는 긍정적(Positive)인 자세가, 3단계(3.0) 가지와 잎이 무성한 나무가 되기 위해서는 적극적인(Active) 자세가 필요하며 더 나아가 4단계(4.0) 남들에게는 없는 나만의 열매를 맺기 위해서는 창조적인(Creative) 자세를 가져야 합니다.

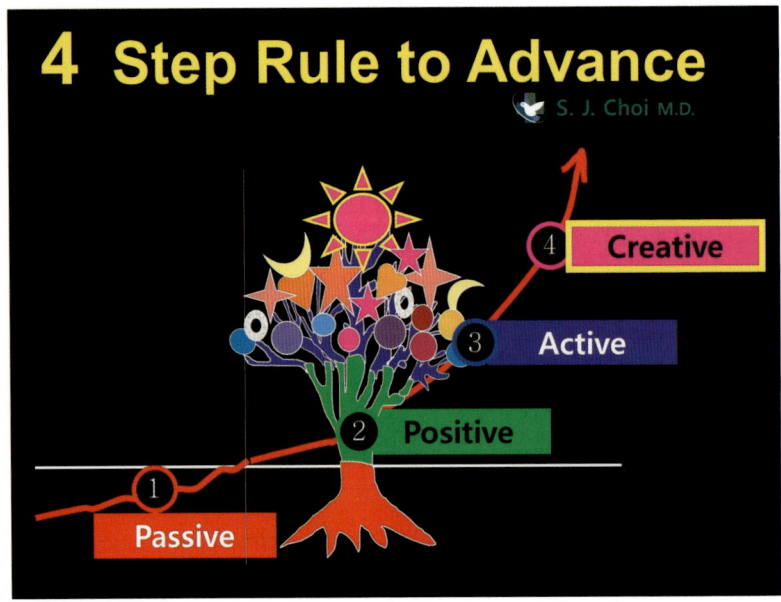

저는 이것을 〈진보를 위한 4단계 법칙 : 4 Step Rule to Advance〉이라 부르고자 합니다. 마지막 진보의 4단계에 도달하기 위한 창조적인 자세는 '내 속에 나만이 가진 씨앗이 있다'는 믿음을 갖고 그 씨앗을 발견하고 꽃피우고자 노력하는 데서 시작됩니다.

이 〈진보의 4단계법칙(4 Step Rule to Advance)〉을 여러 분야별로 살펴보겠습니다.

1) 문명 4.0

진보의 4단계 법칙에 따라 〈문명의 발전〉을 4단계로 나누어 본다면 인류문명 발전의 1단계는 원시시대, 자연계에 있는 그대로 채집하여 먹고 자연의 일부로서 자연과 함께 살던 시대입니다.(문명 1.0) 그 다음 2단계는 산업화 시대로서 자연을 통제하고 파괴하면서까지 대량포획, 대량생산으로 생산성을 증가시켜 이익을 남기던 시대를 말합니다.(문명2.0) 다음 3단계는 정보화의 시대, 인터넷으로 대변되는 굴뚝이 없는 디지털 문명의 시대를 말합니다.(문명3.0) 향후 문명 발전의 마지막 4단계는 창조의 시대가 될 것입니다. 아니 이미 창조의 시대가 도래하였습니다.(문명4.0) 소니, 코닥 등 산업화 시대의 강자들은 정보화의 시대를 읽지 못해 사라졌고, 정보화시대의 강자였던 인텔이나 마이크로소프트조차 창조적 혁신기업인 구글이나 애플에 뒤지고 있습니다. 이제 창조적인 개인, 창조적인 기업, 창조적 나라가 21세기 문명을 주도하게 될 것입니다.

새 정부가 창조경제를 기치로 내세우고 야심차게 추진하고 있습니다.

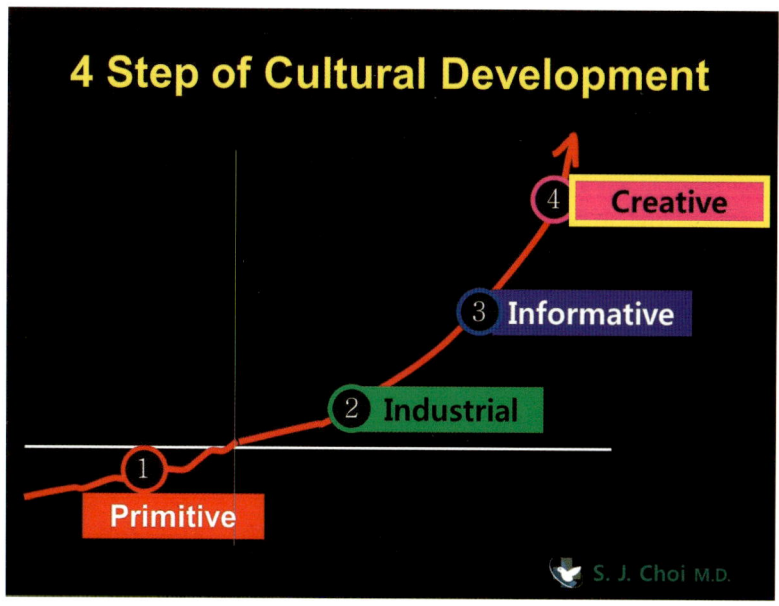

우리나라가 21세기 문명을 주도하는 국가로 도약하기 위해서는 그 길이 아무리 어렵더라도 반드시 창조국가가 되어야 합니다. 경제

뿐 아니라 문명자체가 창조의 시대가 되었습니다. 창조는 길이 없는 광야에 길을 내면서 전진하는 것이고, 방법이 없어 벽에 부딪혔을 때 그것을 극복하는 방법입니다. 지금은 길이 없다면 길을 내고, 방법이 없다면 방법을 찾아야할 때입니다.

2) 건강 4.0

〈건강〉도 상태에 따라 4단계로 나눌 수 있습니다.

1단계 건강은 그저 안 아프고 질병 없이 사는 것으로, 질병을 치료하고 관리하여 얻을 수 있습니다.(건강1.0) 2단계의 건강은 기본적인 일상생활이 가능한 상태의 건강으로서 금주, 금연, 채식위주의 식사 등 좋은 생활습관을 통해 얻을 수 있습니다.(건강2.0) 3단계의 건강은 보다 심신이 안녕한 웰빙(Well Being)상태로서 적극적으로 자신의 행복을 추구하는 상태입니다.(건강3.0) 마지막 4단계의 건강은 웰니스(Wellness) 상태로서 자신의 안녕과 행복만을 위한 삶이 아니라 자연과 주위 사람들과의 조화 속에서 자신의 라이프스타일을 즐기며 사는 적극적이고 창조적인 건강을 말합니다.(건강4.0)

기아와 빈곤, 질병의 퇴치를 위해 2000년부터 2015년까지 UN에서 시행하고 있는 새천년개발계획(MDGs)은 진보의 1단계, 최소한의 인간다운 삶을 보장하기 위한 조치라 볼 수 있습니다. 지속가능한 개발(SDGs)은 그 다음 2단계입니다. 우리 지구촌 인류 모두가 진보의 4단계까지 가기 위해서는 가야할 길이 멀고도 힘합니다. 우리 한민족의 고대이념인 경천애인 홍익인간 이화세계야말로 21세기 웰니스의 삶을 표현한 가장 숭고한 가치입니다. 우리 민족은 21세기 미래의 세상을 위해 수천 년 전부터 준비된 민족입니다. 이제 우리 대한민국이 세계사의 전면에 나서서 세계의 모든 사람들이 웰니스의 삶을 살 수 있도록 그 길을 만들어가야 합니다.

3) 에너지 4.0

〈에너지〉도 4단계로 구분해 볼 수 있습니다. 1단계의 1차 에너지는 태양열, 풍력, 조력, 수력 등 자연에서 바로 얻어지는 에너지로서 무한하긴 하나 전체 에너지의 1%도 활용하기 힘들고, 저장할 수도 없는 자연에너지입니다.(에너지1.0) 2차 에너지는 화석연료나 원자력처럼 태우거나 가공할 때 얻어지는 열에너지를 말하는데, 여전히 에너지의 사용과 저장에 많은 제한이 있습니다.(에너지2.0) 3차 에너지는 전기에너지로서 이동과 사용이 간편하며 조절이 가능한 최고의 에너지 입니다.(에너지3.0)

그렇다면 4차 에너지는 뭘까요? 그것은 우리가 갖고 있는 인체의 에너지입니다. 저는 이것을 '피지오에너지'(Physio-Energy)라 부릅니

다. 4차 에너지인 〈피지오에너지(Physioenergy)〉는 생명에너지, 창조에너지입니다.(에너지4.0)

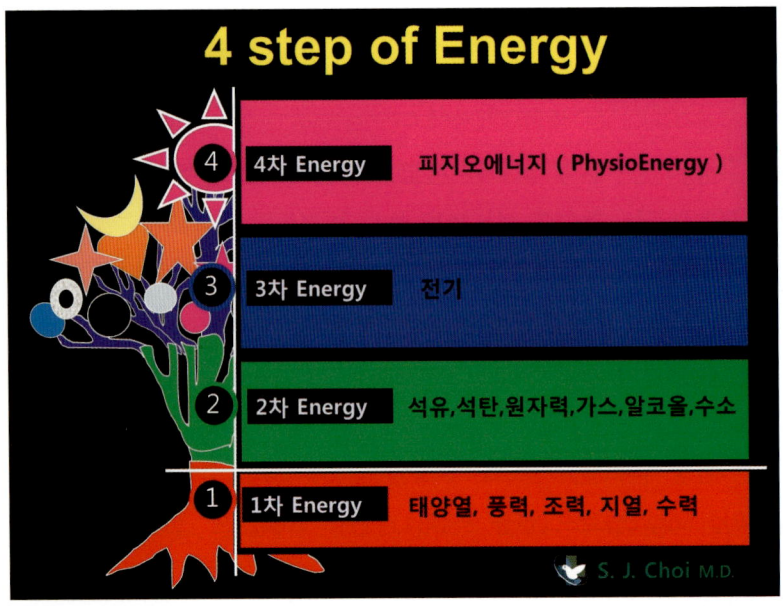

　우리가 고등어를 구워 먹고 그림 그리는 것을 에너지의 관점에서 생각해 봅시다. 어부들이 배를 타고 나가 고등어를 잡아 차로 이동해서 가스불에 구웠으니 2차 에너지인 화석연료가 쓰인 것이고, 냉장고에 보관하는 것은 3차 에너지인 전기에너지를 쓴 것입니다. 즉 우리가 고등어를 먹는다는 것은 2차, 3차 에너지를 먹는 것과 같고, 고등어가 우리 몸 속에서 소화되고 흡수되는 것은 2차, 3차 에너지가 피지오에너지로 전환된 것입니다. 우리는 그 피지오에너지를 활용하여 그림을 그리는 창조적 행위를 한 것입니다. 그렇게 본다면 모든 문화 활동의 산물이나 내가 가진 정보들, 지식들은 사실 모두 에너지의 집합체라 할 수 있습니다. 만약 그렇게 얻은 피지오에너지를 헛된 일에 쓴다면 귀한 화석에너지와 전기에너지를 낭비하는 것과 같습니다.

우리가 에너지(Introspection) 정책을 말하면서 이러한 인체의 〈피지오에너지〉를 관리하지 않는 것은 매우 불합리한 것입니다. 국가적으로도 전 국민의 〈피지오에너지〉를 잘 관리하는 것이 가장 중요한 에너지 정책이 되어야 합니다. 향후 10년 20년 30년간 우리나라가 추구해야할 가치와 전체 산업의 나아갈 방향을 정하고, 그것을 실현하기 위해서 어떤 인재, 즉 어떤 피지오에너지가 필요한지를 판단해서 인재들을 발굴하고 키워야 합니다. 기술과 산업의 변화 주기가 점점 빨라지고 있습니다. 미리 인재를 준비하지 않으면 그때그때 적절한 인물을 찾을 수 없습니다. 선진국에서는 어릴 때부터 자신의 적성을 발견하고 진로를 결정하는 데 도움을 줄 수 있는 다양한 프로그램을 시행하여 중고등학교를 졸업하면 거의 대부분 학생들이 자신의 진로를 찾을 수 있게 해줍니다. 교육의 눈높이를 세계적인 수준으로 대폭 끌어올려야 합니다. 우리 사회의 인적 구성원들의 재능을 일찍이 발견하고 적성에 따라 잘 교육시켜서 적재적소에서 자신의 능력을 맘껏 발휘할 수 있도록 하는 것은 단순한 실업문제 해소 차원이 아니라 가장 고차원적인 에너지의 관리 측면에서 국가적인 차원에서 이해되고 추진되어야 합니다.

최근 소프트웨어 인력이 수십만 명 모자란다는 뉴스가 있었습니다. 60세까지 정년을 연장하는 것도 단순히 일자리를 연장하는 정치적 차원이 아니라 전체 산업인력과 생산력을 고려하여 결정해야 합니다. 모든 국민 한 사람 한 사람이 자신의 피지오에너지를 잘 준비하고 적재적소에 사용하는 것은 바로 국가 발전, 사회의 혁신으로 이어집니다. 피지오에너지는 소비되는 에너지가 아니라 창조적으로 재생산될 수 있는 최고의 에너지입니다.

지금처럼 한 명을 뽑는 공무원 시험에 수백 명이 응시하는 것은 달리 말하자면 합격되어 자신의 능력을 발휘할 기회를 얻은 한 명을 제외한 나머지 수백 명의 피지오에너지가 낭비된 것이며 국가적으로 볼 때 엄청난 손실입니다. 그 나머지 사람들이 자신의 열정을 불태울 수 있는 환경을 마련해 주고 꿈을 꾸게 만드는 것, 그들에게 영감(Intuition)을 불어넣는 것은 우리 사회의 1%, 이 시대를 이끌어가는 지도자들의 몫입니다.

농경시대에는 땅이 가장 중요하였고, 산업화 시대에는 제철능력이 국력을 상징했고, 정보화시대에는 반도체와 소프트웨어, 통신기술이 가장 중요했다면, 창조의 시대에는 무엇이 가장 중요할까요? 바로 구성원들의 창조적 영감(Creative Intuition), 창조적 사고입니다. 구성원들의 창조적 사고를 어떻게 현실에서 구현할 것인가 하는 것이 창조사회, 창조경제, 창조국가로 가는 조건이 될 것입니다.

4) 복지 4.0

복지가 시대적 과제가 되고 있고, 여당과 야당 모두가 경쟁적으로 복지에 열을 올리고 있습니다. 진보를 위한 4단계 법칙을 〈복지〉에 적용하여 봅시다. 1단계복지는 의학적 관리차원의 복지 즉, 생존과 관련된 절대적인 복지입니다. 기본적으로는 수동적인 복지로서 일방적으로 베풀어주는 복지입니다. 무상교육, 무상의료, 무상보육 같은 것입니다. 정치인들은 이것을 최고 가치의 복지인 것처럼 말합니다. 그러나 이것은 꼭 필요하긴 하지만 수동적(Passive)인 가장 낮은 수준의 복지개념입니다. 다른 사람의 도움을 받아 살면서 만족한 삶을 살 수는 없습니다. 생존과 관련된 1단계의 절대적인 복지는 우리 조직의 구성원 누구도 이의를 제기하지 않는 수준에서 시행되어야 합니다. 굶어죽는 사람에게 밥을 주자는데 누가 반대하겠습니까? 그러나 부자들의 주머니를 털어서 가난한 자들에게 나누어 주자는 식의 복지정책은 우리 모두를 공멸하게 할 것입니다.

2단계 복지는 기본적인 삶에 대한 복지입니다. 영양관리, 운동, 금주 금연계몽, 고혈압 당뇨 예방활동처럼 질병을 예방하고 생활습관을 개선하는 차원의 복지입니다. 이를 위해서는 복지 수혜자의 긍정적인(Positive)자세와 참여가 필요합니다.

3단계복지는 삶의 질 향상을 위한 복지입니다. 평생교육이나 각종 공연, 영화, 박물관 관람, 심리상담. 생활체육 등 지역주민의 삶의 질을 향상시킬 수 있는 프로그램을 시행하는 것을 말합니다. 이러한 프로그램이 성공하기 위해서는 주민들의 적극적인(Active) 노력과 참여가 필요합니다.

마지막 4단계는 지역간 계층간 통합을 이루며 지역발전과 국가혁신에 기여할 수 있는 창조적(Creative) 복지입니다. 예를 들면 도농 자매결연이나 재능기부, 교육기부, 사회공헌, 볼리비아의 엘시스테마 등과 같이 자신의 것을 나눔으로써 이웃에게 도움을 줄뿐 아니라 자신에게도 자긍심을 줄 수 있으며, 국가적으로 무한 확대 재생산 되는 창조의 원리가 적용된 복지를 말합니다. 자발적, 수평적 나눔을 기반으로 한 〈창조적 복지〉야말로 계층간 통합, 지역발전, 더 나아가 국가발전을 이룰 수 있는 가장 중요한 자원이 될 것입니다. 단순히 국가가 나서서 세금을 거두고 그 세금을 나누어주는 낮은 차원의 복지로는 진정한 복지국가가 될 수 없습니다.

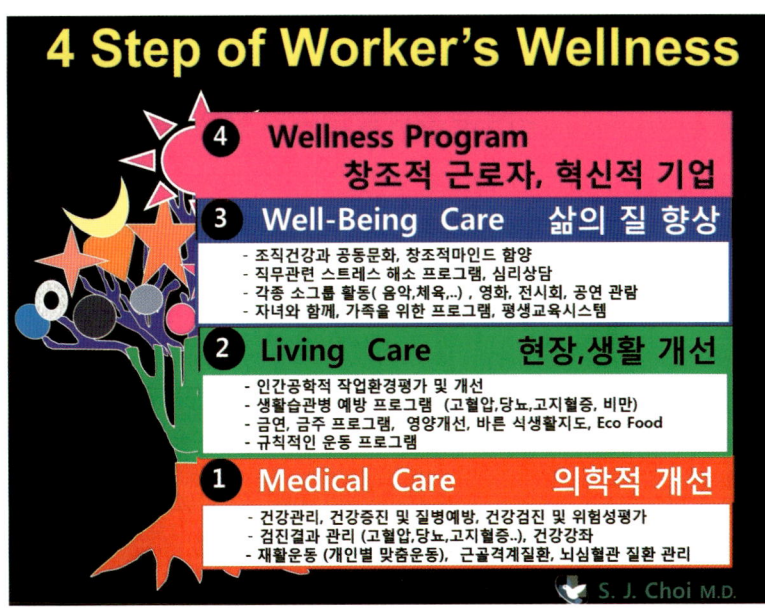

　회사의 〈노동자들을 위한 복지〉에도 진보를 위한 4단계 법칙을 적용할 수 있습니다. 1단계는 기본적인 의학적 관리입니다. 건강진단, 질병과 재해 예방활동이 그것입니다. 2단계 복지는 금연, 금주를 포함한 바른 생활지도, 현장개선을 뜻하며, 3단계 복지는 가족과 함께하는 문화활동, 동호회 활동 등 삶의 질 향상을 위한 복지이며, 4단계 복지는 교육과 함께 각종 자발적, 창조적 활동을 지원하는 것입니다. 21세기 기업의 혁신을 위해서는 육체노동자, 지식노동자를 넘어 〈창조노동자〉를 만들 수 있는 수준 높은 기업복지프로그램이 필요합니다.

2. 21세기 뉴 패러다임-Be Creative!

21세기를 논하는 많은 석학들이 21세기는 창조의 시대가 될 것이라고 말하고 있습니다. 21세기의 화두는 단연 〈창조〉입니다. Be Creative! 창조적인 삶을 사는 것, 그것은 바로 나만의 열매를 맺는 나무가 되는 것입니다.

한때 세계를 주름잡던 기업과 국가가 눈앞의 성공에 안주한 채 미래의 창조적 변화에 실패하여 한순간에 망해버린 사례들을 보니다. 산업화 시대의 최강자였던 코닥과 소니는 정보화 시대를 대비하지 못하고 마이크로소프트와 인텔에 밀려 사라졌으며, 마이크로소프트 또한 창조적인 애플과 구글에 밀려나고 있습니다. 1990년대 우리 대한민국은 '산업화는 뒤졌지만 정보화는 앞서자'는 슬로건으로 민관이 하나 되어 노력하여 오늘날 세계적 정보화 강국이 되었습니다. 또 1993년 당시 세계 시장에서 2류 기업이던 삼성전자가 '마누라 자식 빼고 다 바꾸자'고 선언하고 절치부심하여 20년 후인 지금은 세계를 주름잡는 초일류 기업이 되었습니다.

그러나 이제 우리는 또 다른 위기를 맞고 있습니다. 대한민국도, 삼성전자도 이제까지는 빠른 모방자(Fast Follower)로 성공했지만 이제 스스로 새로운 시장을 만들어야 하는 창조자(First Mover)가 되어야만 생존할 수 있게 되었습니다. 하지만 창조자가 된다는 것은 쉬운 일이 아닙니다. 길이 없는 광야에 홀로 서서 사방을 바라본 적이 있습니까? 아니면 발자국이 하나도 없는 눈 덮인 길을 걸어 본 적이 있으십니까? 더구나 우리의 경쟁자들은 경험도, 자본도, 기술도 우리보다 월등합니다. 그래도 우리 같은 약자에게 만약 기회가 있다면 그것은 세상에 없는 창조의 세계로 가는 것입니다.

2013년 출범한 박근혜 정부도 〈창조경제〉를 화두로 하여 경제구조의 재편을 추진하고 있습니다. 그러나 박근혜 대통령의 핵심 국정 어젠다인 〈창조경제〉를 두고 무엇이 창조경제인지 모르겠다는 논란이 있었습니다. 박 대통령까지 직접 나서서 "창조경제란 과감한 패러다임의 전환을 의미하는데 창의성을 핵심가치로 두고 과학기술과 정보통신의 융합과 같이 산업과 산업이 융합하고 산업과 문화가 융합해 새 부가가치를 창출하고 일자리를 만들어내는 것"이라고 그 개념을 설명하기도 했습니다. 그러면서 벤처와 창업이 활성화되고 실패해도 재도전할 수 있으며, 창의적 아이디어가 사업화로 이루어질 수 있는 생태계를 조성하는 것이 중요하다고 하였습니다.

최근 우리나라에는 오늘날 세계일류 창조국가로서의 입지를 굳게 한 이스라엘을 배우자는 움직임이 활발하게 시작되고 있습니다. 사람들은 이스라엘의 성공 요인으로 그들의 후츠파(CHUTZOPAH) 정신을 말하고 있습니다. 후츠파 정신은 형식타파(Informality), 당연한 질문의 권리(Questioning Authority), 섞임과 어울림(Mash-up), 위험감수(Risk Taking), 목표지향(Mission Orientation), 끈질김(Tenacity), 실패학습(Learning from Failure) 등 일곱 가지로 요약할 수 있습니다. 우리도 그 후츠파 정신을 본받으면 이스라엘과 같은 창업국가가 될 수 있을까요? 이스라엘은 우리보다 국토면적도 좁고, 인구도 적고, 자원도 없는데 후츠파 정신으로 창업국가로 성공했으니 우리도 그렇게 할 수 있을까요?

그러나 그것은 그리 단순하지 않습니다. 그들의 선민사상, 수천 년 간의 방랑생활, 이 나라 저 나라로 쫓겨다니며 짧은 시간 사업을 일으키고, 또 모든 것을 뺏기고 떠나야 했고…… 생존을 위해 몸부림쳤던 그 긴 시간, 나치의 학살, 그 가운데서 지켜온 그들의 정체성…… 그렇게 얻은 나라, 돈, 안전……. 그것에 대한 그들의 집착, 절박함은 우리가 상상할 수 없는 것입니다. 누군가가 노벨상을 수상한 이스라엘 석학에게 그 비결을 물었습니다. 그 교수는 "공부 외에 우리가 할 수 있는 것은 아무것도 없었습니다."라고 대답했습니다. 흔히 이스라엘 민족을 디아스포라 즉 포자가 흩어지듯 전 세계에 흩어진 사실만을 강조하지만 저는 수천 년을 떠돌며 한곳에 뿌리를 내렸다가 또 어느 날 갑자기 쫓겨나야 했으며, 생존을 위해 또 낯선 곳에 정착해야 했던 그 생명력과 변화에 대한 적응력에 주목하고자 합니다. 수천 년 간 전 세계를 떠돌면서도 끈끈한 네트워크를 유지하며 서로 도와 새로운 지역에 재빨리 적응하고 돈과 보석과 자신의 정체성을 지켜낸 유대민족이 지금 미국을 발판으로 이스라엘과 전 세계에서 성공가도를 달리는 것은 결코 우연이 아닙니다. 수천 년간 단련된 그들만의 DNA가 오늘날 창조적 에너지로 분출된 것입니다.

　우리가 창조국가를 꿈꾸면서 이스라엘을 그대로 모방하는 것은 넌센스입니다. 물론 인구도 적고, 국토도 우리보다 좁은 그들의 성공스토리가 우리에게 좋은 길잡이가 될 수는 있습니다. 그러나 이스라엘과 우리나라는 닮은 듯 하지만 너무나 다른 문화적 배경을 갖고 있습니다. 이스라엘이 수천 년을 떠돌아다니는 사이 우리는 수많은 외적의 침입을 이겨내며 이 땅을 지키고 한곳에 머물러 있었습니다. 그래서 이스라엘민족이 돈과 보석 같은 동산(動産) 경제로 수천 년을 살아왔다면, 우리는 부동산(不動産) 경제로 수천 년을 살아왔습니다. 비슷한 시기에 독립했지만 그들에게는 이미 막대한 자본이 있었고, 우리에게는 맨주먹밖에 없었습니다. 지금에야 우리 형편이 조금 나아지긴 했지만 유태인 자본과는 비교할 수 없습니다. 그들의 유전자 속에는 보이지 않는 세계에 대한 영적개념, 금융, 기술, 소프트웨어에 대한 DNA가 있습니다. 지난 세기 한민족의 역사는 이스라엘의 디아스포라 역사와 비견할 만합니다. 유태인들은 가는 곳마다 전당포와 보석상을 차렸다면 우리는 가는 곳마다 농사를 지었습니다. 일제의 침략과 가난에서 벗어나기 위해 많은 사람들이 만주로, 중앙아시아로, 미국과 중남미로 떠났고, 그곳에서 독충들과 싸우며 황무지를 일구어 옥토로 만들고 밤낮없이 부지런히 일하여 그 땅에서 성공적인 발판을 마련하고 있습니다. 그러나 오랜 역사를 가진 유태인이나 중국화교들의 해외네트워크에 비하면 현재 우리 한민족의 해외 네트워크는 비할 수 없이 열악합니다. 중국의 조선족학교는 예산이 없어 문을 닫고 있으며, 이민 3세대들은 우리의 말과 한민족의 정체성을 잃어가고 있습니다. 세계에 뻗어있는 이 한민족 네트워크는 우리 대한민국의 거대한 자산이며 우리의 경쟁력입니다. 우리도 유태인이나 중국화교처럼 되기 위해서는 우리 한민족의 정체성을 지키고 세계의 여러 지역에서 지속적으로 발전해 갈 수 있는 한민족 네트워크를 만드는 일에 전 국가적 차원에서 총력을 기울여야 합니다. 시간이 별로 없습니다. 이민 1세대가 다 돌아가시고 나면 더 힘들어집니다.

우리나라가 이스라엘과 똑같은 방법으로 해서는 그들처럼 성공할 수 없습니다. 우리에게도 이스라엘의 후츠파, 바미츠바 못지않은, 다른 나라 민족에게서는 찾을 수 없는 우리만의 전통들이 많이 있습니다. 향약 두레 계와 같은 공동체 의식이나, 나라가 위기에 처했을 때 하나가 되어 위기를 극복했던 역사, 새마을 운동, 민주화, 그리고 무엇보다 세계에서 유일한 문자인 한글을 만든 우리민족의 상상력, 도전정신, 창조정신은 이스라엘 못지않습니다. 이스라엘의 창조방정식이 부럽지만 우리는 우리나라만의 창조방정식을 찾아내고 만들어 가야 합니다. 이스라엘을 보면서 그대로 따라할 것이 아니라 우리도 묵묵히 우리의 역사를 만들어가야 합니다. 과거에 미국에서 공부한 사람이 장관이 되면 미국정책을 베끼고, 일본에서 공부한 사람이 장관이 되면 일본을 베끼고, 유럽을 베끼고…… 이제 와서는 이스라엘 베끼기에 열을 올리면서 창조를 논한다면 그 자체가 넌센스입니다. 물론 시행착오를 줄이기 위해서는 앞서가는 나라를 벤치마킹하는 것이 필요합니다. 그러나 지금 우리가 해야 할 일은 그들의 성공 방법이 아니라 〈성공의 원리〉를 아는 것입니다. 원리(Principle)는 모든 나라에 동일하게 적용할 수 있지만 그 외형적 구현을 위한 방법은 각 나라의 형편과 처지에 따라 달라집니다. 우리가 그 창조의 원리를 알지 못하고 단지 외형만을 본떠서 어설픈 창조국가, 창조경제를 논한다면 결코 성공할 수 없습니다.

　19세기 제국주의 때는 식민지였고, 20세기 초 산업화 시대에는 후진국이었던 우리 대한민국이 20세기 말 정보화시대에는 열강들과 어깨를 나란히 하는 강국이 되었습니다. 이젠 정보화 시대를 넘어 21세기 창조의 시대를 열어야 합니다. 〈Creative beyond IT! : 정보화를 넘어 창조의 시대로!〉 우리 민족의 핏속에는 한글과 금속활자, 거북선에서부터 팔만대장경까지 창조의 DNA가 꿈틀대고 있습니다. 21세기 창조의 시대는 우리 한민족이 가장 빛을 발할 수 있는 시대입니다. 우리 대한민국이 지금 구습을 타파하고 힘과 지혜를 모아 미래를 향해 매진한다면 21세기 창조의 시대에 초일류국가가 되어 세계를 이끌어가는 지도적 국가가 될 수 있습니다.

3. 인류의 문명 창조

　21세기 창조의 시대를 맞아 우리는 창조적 삶을 살기 원하며, 세상에 없는 새로운 가치 〈창조〉를 원합니다. 그러나 〈창조〉란 무에서 유를 만들어내는 것인데 엄밀히 말하면 태초에 세상 만물을 창조한 하나님의 천지창조 이후 세상에 새것은 없습니다. 우리가 원하는 창조적 삶이란 무(無)에서 유(有)를 만드는 〈창조〉가 아니라, 유(有)에서 다른 유(有)를 만드는 〈재창조〉라고 해야 옳습니다. 하나님은 인간을 창조할 때 자신의 형상에 따라 만들었다고 했습니다. 그 말은 우리는 누구나 조물주인 하나님이 나눠주신 〈창조성〉을 갖고 있다는 말입니다. 하나님이 주신 이 창조성이야말로 사람을 식물이나 동물과 구별해주는 가장 명확한 기준이 됩니다.

We can create because we are created. 창조를 받았고, 그 창조성을 나눠받은 우리가 창조적으로 사는 것은 지극히 자연스러운 것입니다. 창조성은 몇몇 천재들의 전유물이 아니라 우리 각자 모두에게 본질적으로 주어진 하나님의 선물입니다. 그렇다면 하나님이 창조하신 〈천지만물〉로부터 그 〈창조의 원리〉를 발견하고 그것을 우리의 삶에 〈적용〉한다면 우리도 〈창조〉를 할 수 있지 않을까요?

하나님의 창조 원리를 발견하기 전에 먼저 우리 인류가 어떻게 창조적으로 살아왔는지 인류의 과거와 서양과 동양의 역사를 문명 창조적 관점에서 간략하게 돌아보겠습니다.

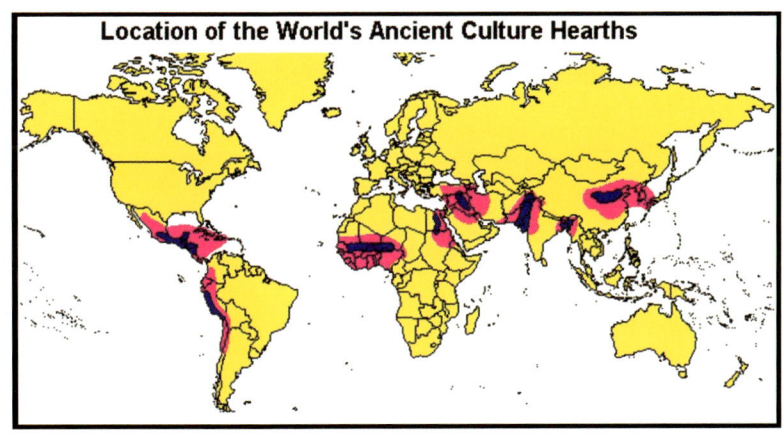

우리 인류의 기원에 관하여는 많은 학설이 있습니다. 진화론자들은 영장류의 유인원들이 수만 년 아니 수백만 년에 걸쳐 진화하여 현재의 인류가 되었다고 하며, 창조를 믿는 사람들은 어느 날 창조

되어 나타났다고 합니다. 그런데 우리 인류의 역사를 보면 B.C 5000년~6000년경에 처음 나타나 B.C 2000경부터 활발하게 문명을 건설하기 시작합니다. 제가 생각하는 인류 문명의 가장 큰 미스터리는 서로의 존재조차 알 수 없을 만큼 다른 대륙에 멀리 떨어져 있었으나 비슷한 시기에 거대한 문명을 건설했다는 것입니다. 이집트의 피라미드(BC 2000-3000)나 마야의 피라미드(BC 500)가 크게 보면 거의 동시대에 건설되었다는 것을 어떻게 설명할 수 있을까요?

이것은 성경에 나오는 바벨탑 사건에 대한 그림입니다. 대 홍수로부터 살아남은 노아의 후손들이 번성하여 새로운 문명을 이루자 그들은 자신의 문명을 과시하기 위해 하늘에까지 닿도록 탑을 만들기 시작했다고 합니다. 그것을 본 하나님은 노하여 그들의 언어를 다르게 하고 그들을 온 땅에 흩어지게 했다고 합니다. 이렇게 흩어진 사람들이 각각 정착하여 새로운 문명을 만들었을까요?

어찌됐든 우리 민족도 대륙의 저쪽 어디에서 지금의 동쪽 끝 땅으로 이동하였다는 것이 밝혀져 있고, 한반도에 정착한 것이 기원전 약 5천 년경입니다. 우리 민족의 조상은 왜 대륙의 동쪽 끝까지 이동했을까요? 아마도 해를 따라 해 뜨는 곳을 향해 동쪽으로 이동하지 않았을까요? 저는 수많은 부족 중에서 가장 호기심이 왕성하고, 하늘에 대한 경외심이 지극했으며, 끝까지 포기하지 않는 끈기를 가진 부족이 바로 우리 한민족의 조상이 되었다고 생각합니다. 먼 길을 떠나 마침내 삼천리 금수강산에 이르러 홍익인간의 건국이념으로 새로운 국가를 건설하신 우리 조상님들을 생각해 보면 오늘날 우리나라가 세계의 놀라움과 부러움을 받고 있는 것도 우연한 것이 아니라 우리 민족 가운데 녹아있는 그 도전정신과 창조정신, 그리고 경천애인 사상에서 나온 것이며, 앞으로 전 세계의 지도자적 국가가 되어 홍익인간 이화세계의 건국이념을 실현할 수 있을 것이라 생각합니다.

1) 서양 : 자연관찰(Observation)을 통한 물질문명 창조

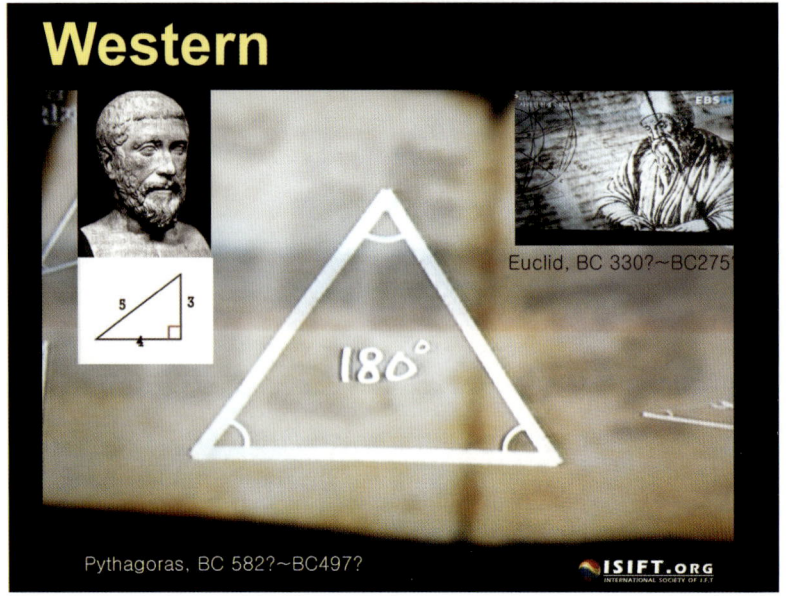

　우리 인류의 창조 역사 중 먼저 서양의 역사를 돌아보겠습니다. 기원전 5세기에는 고대 수학의 황금기를 맞습니다. 우리가 잘 아는 타고라스, 유클리드 같은 수학자가 등장합니다. 어느 날 피타고라스가 성전 뜰을 걸으며 바닥에 깔린 돌을 보다가 삼각형의 합이 항상 같다는 것을 발견하였다고 하며 이후로 기하학이 꽃피게 됩니다.

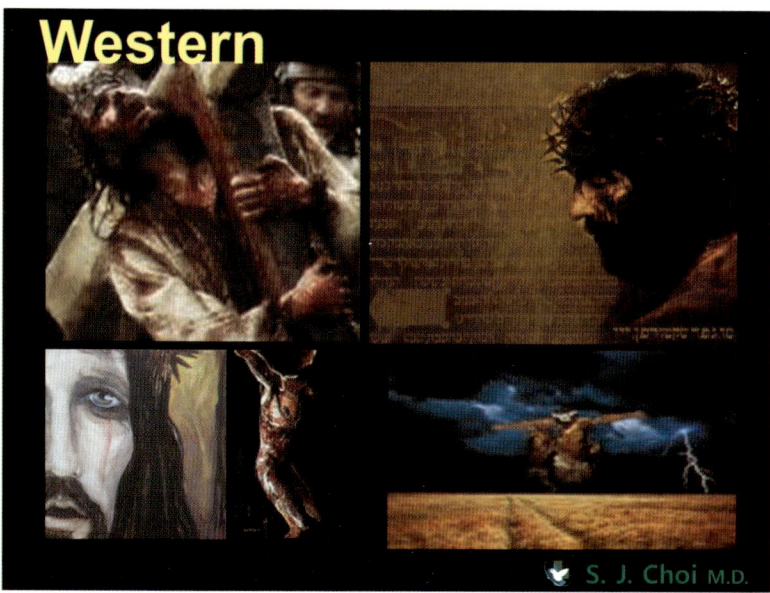

삼원색에서 배운 융합과 창조의 원리 / 41

기원전 2세기 경 에라스토테네스는 시리아의 어느 지방에 깊은 우물이 있는데 정오가 되면 우물 한가운데 해가 뜬다는 이야기를 듣습니다. 그는 지역에 따라 같은 높이의 기둥 그림자 길이가 서로 다른 것을 알고, 그림자를 이용해 지구의 둘레를 거의 정확하게 측정했습니다. 그때 이미 지구는 둥글다는 인식을 했으니 그 당시의 수학 수준이 얼마나 높았는지 알 수 있습니다. 고대의 건축물들이 수천 년이 지난 지금도 남아있는 것은 우연한 일이 아닙니다.

이스라엘 유다 지방에서 예수의 탄생으로 시작된 기독교가 로마로 전해지고 AD313년 국교로 지정되면서 전체 유럽은 이후 1000년 이상 기독교의 영향을 받게 되고 교황이 절대적인 권력을 갖게 됩니다. 사실 예수님이 이 땅에 오신 것은 인간과 하나님, 인간과 인간 사이의 벽을 허물고 그 본질을 회복하기 위함이었으나 절대적인 교황의 권력으로 인해 오히려 하나님과 인간의 관계가 멀어지고, 인간성이 말살되는 암흑의 시기를 겪게 됩니다.

11세기에 이르러 기독교의 성지인 이스라엘이 이슬람교도에 의해 점령되자 유럽의 기독교 국가들은 연합군을 구성하여 성지수복을 위한 십자군 전쟁을 일으키지만, 이백 년에 걸친 전쟁에서 결국 기독교 연합군이 패배하면서 절대적이던 교황의 권위가 실추되고, 왕과 귀족들의 힘이 강화되는 등 전체 서양사회에 정치 문화 경제적으로 큰 변화가 일어나게 됩니다.

  그 후 다시 한 번 서양사회를 뒤흔든 것은 바로 신대륙의 발견입니다. 15세기 말 콜럼버스는 배를 타고 대서양을 건너 아메리카 대륙에 첫 발을 디디게 됩니다. 이후 1532년 에스파냐(스페인)의 피사로는 불과 2,000명의 군대로 마지막 마야제국의 왕인 아따왈빠를 죽이고 대륙을 정복하게 됩니다. 이들은 금과 은을 찾는데 혈안이 되어 원주민을 무차별적으로 동원하였고, 포토시 광산 등에서 채굴된 금과 은은 금화와 은화로 만들어져 카리브해를 거쳐 대서양을 건너

본국으로 보냈습니다. 한 번에 실어 날랐던 금은의 양은 엄청났고 이렇게 유입된 금과 은은 유럽사회를 변혁하는 원동력이 되었습니다. 그러나 이로 인해 당시 남미 원주민의 수가 100년 동안 7천5백만 명에서 5백만 명으로 줄었다는 조사가 있을 만큼 신대륙에 대한 서양인들의 약탈(아시엔다, 엔코미엔다)은 거대한 문명 말살이었습니다. 영화 아바타와는 정반대의 결과가 난 것이죠. 이에 질세라 영국이나 프랑스처럼 대양을 끼고 있는 나라들은 아프리카와 멀리 인도, 베트남까지 진출하여 식민지를 건설하고 약탈과 원주민을 잡아 노예로 팔면서 제국을 건설하고 부를 쌓아갔습니다. 아프리카 가나의 엘미나 성은 수백 년 간 노예무역의 거점이 되었고 무자비하게 잡혀온 수백 만 명의 아프리카 원주민들이 전 세계로 팔려나갔습니다. 아프리카와 인도 사이에는 세이셸 군도가 있는데, 그 당시 이곳에는 육지 코끼리거북의 천국이었다고 합니다. 그러나 오고 가는 배들이 식용으로 쓰기 위해 무차별 남획을 하면서 결국 멸종이 되고 맙니다. 그렇게 실어 나른 금은 덕에 스페인, 이탈리아인들은 시에스타를 즐기며 수백 년 간 풍족한 삶을 살 수 있었습니다. 그러한 뻔뻔하고도 야만적인 약탈 행위는 지금까지도 지구의 수많은 곳에서, 그것도 수많은 선진국소유의 기업들에 의해 자행되고 있습니다.

지금 유럽에서는 PIGS(포르투칼, 이탈리아, 그리스, 스페인)발 금융위기를 겪고 있습니다. 4개국 모두 수백 년 간 식민지에서 들어오는 금은으로 살아가던 나라들입니다. 그 모든 외부 유입이 없어진 지 불과 수십 년 만에 국가적 재정위기에 빠진 것입니다. 그 와중에 열심히 일해서 살아남은 독일, 스위스 등은 여전히 탄탄한 경제를 자랑하고 있습니다. 유럽 재정위기를 극복하기 위해서는 과거의 역사인식을 기반으로 한 새로운 경제 패러다임을 만들어야 하는데 현재의 유럽연합이 과연 그럴 능력이 있을지 의문입니다. 현재의 유럽

금융위기는 일시적 자금유동성 문제가 아닙니다. 수백 년 간의 식민지기반 경제에서 독립적 경제로 가는 길목에서 겪는 필연적 진통입니다. 우리나라도 유럽의 경제위기에 잘 대처하기 위해서는 역사인식에 기초한 전략이 필요합니다.

 침략과 수탈의 슬픈 역사처럼 우리나라도 강대국들 틈에서 병자호란, 임진왜란 등 수많은 외부의 침략을 받은 역사를 갖고 있습니다. 또한 근대에 들어서면서 일제의 식민지배와 6.25전쟁을 겪었지만 그 가운데서도 우리가 받은 복이 많습니다.

 우리가 받은 복의 첫째는 개화기에 좋은 외국인들을 만난 것입니다. 당시 중국은 세계의 중심이라는 환상에 젖어 문명의 변화에 제대로 적응하지 못하였고, 결국 외세의 침략을 받게 됩니다. 우리나라는 20세기에 뒤늦게 제국주의의 탐욕에 뛰어든 일본의 침략을 받긴 했으나 중세시대에는 서양 제국으로부터 멀리 떨어져 있어 피해가 상대적으로 적었습니다. 서양제국이 아메리카를 발견한 후 약탈한 금은보화를 본국으로 실어 나르고, 아프리카 인도, 심지어 동남아까지 식민제국을 건설했으나 우리나라는 너무 멀었고, 한두 차례 침략하긴 했으나 우리의 저항이 완강했을 뿐 아니라, 금속인쇄활자와 같은 우리의 문명수준을 보고 그들은 아마 엄청난 충격을 받고 더 이상의 침략을 포기했을 것으로 보입니다. 많은 이들이 그 당시의 쇄국정책으로 우리나라가 후진국이 된 것처럼 생각하는데 그때 우리가 그렇게 저항하지 않았다면 우리도 서양제국의 식민지가 되었거나 아니면 우리도 일본처럼 힘없는 이웃국가를 침략하는 제국주의의 길을 걸었을지도 모릅니다. 그 후 개화기에 우리나라에 온 외국인들 중 청교도 정신을 가진 선교사, 의사, 교사들이 많았고, 그들은 우리의 것을 약탈하는 게 아니라 그들의 앞선 학문과 의술을 전해주었고, 병원과 학교를 설립했으며 이 땅에 그들의 삶 전체를 헌신했습니다. 알렌, 언더우드, 헐버트 등 그들은 우리보다 더 우리나라를 사랑했던 사람들이었습니다. 그들의 고귀한 희생은 우리 민족이 받은 복의 시작이 되었습니다.

일제로부터의 해방 이후 우리는 또 다시 6.25 전쟁으로 온 나라가 잿더미가 되었습니다. 두 번째 우리가 받은 복은 6.25전쟁 때 유엔을 통해 세계사에 전무후무한 20개국의 도움을 받은 것입니다. 6.25 전쟁 때 유엔군으로 우리나라에 와서 목숨을 잃은 외국인이 4만5천여 명, 그 중에서도 미군이 3만7천여 명이었습니다. 우리는 알지도, 듣지도 못했던 우리나라를 위해 목숨을 바친 수많은 분들께 감사를 드려야 하고, 어떻게 하면 세계 앞에 그 빚을 갚을지 고민해야 합니다. 이렇게 과거와 철저히 단절한 후 완전 새롭게 시작할 수 있었기 때문에 우리가 한강의 기적도 이룰 수 있었다고 생각합니다.

돌이켜 생각해보면 불행한 역사이긴 하지만 만약 일제시대와 6.25 전쟁이 없었다면 우리도 다른 개발도상국과 마찬가지로 과거에 얽매여 현실을 극복 못하고 미래 또한 꿈꾸지 못했을지도 모릅니다.

한편 십자군 전쟁의 패배로 교황의 권위가 떨어지고, 신대륙과 식민지로부터 물밀듯 금은보화가 유입되면서 서양사회에 르네상스로 표현되는 인간중심의 문화가 형성됩니다. 레오나르도 다빈치(1452~1519)는 사물을 세밀하게 관찰한 작품을 다수 남겼고, 그 이치를 활용한 많은 발명품을 만들었습니다.

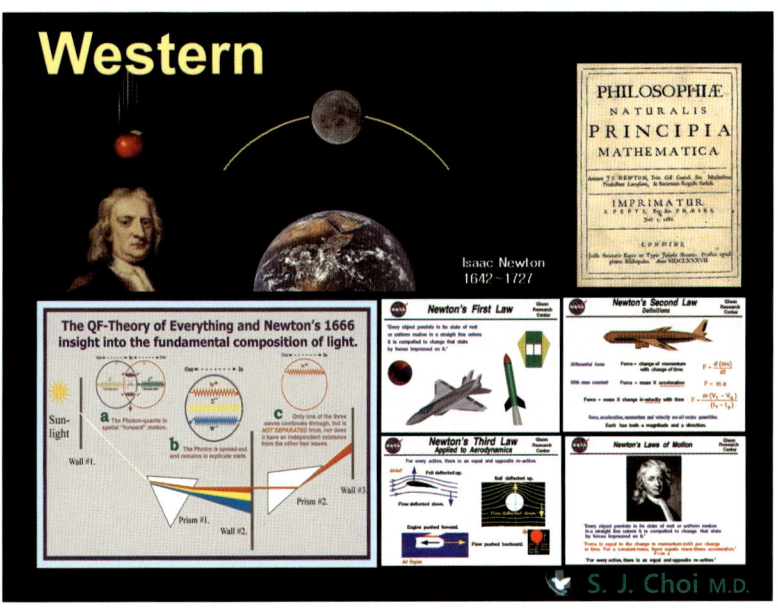

17세기엔 자연의 물리적 이치를 밝힌 아이작뉴턴(1642~1727)이 등장합니다. 영국 시인 알렉산더 포프는 다음과 같이 그를 칭송했습니다. "자연과 자연법칙은 어둠에 싸여 있었다. 신이 가라사대 '뉴턴이 있으라' 그러자 모든 것이 밝아졌다." 뉴턴은 빛을 분석하고, 자연 속의 수학적 원리를 규명한 프린키피아(Philosophy Naturalis Principia Mathmetica)란 논문을 통해 만유인력과 뉴턴의 제1,2,3 법칙을 발표해 물리적 이치가 지배하는 새로운 세상의 문을 열었습니다. 뉴턴 이후 서양사회는 자연을 관찰(Observation)해 그 속에 내재된 법칙과 세상의 물리적 이치를 밝히는 데 괄목할 성장을 보였습니다.

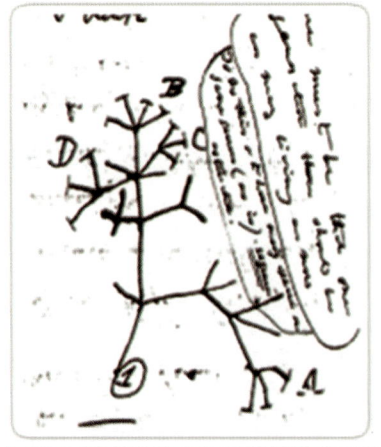

찰스 로버트 다윈(Charles Robert Darwin, FRS, 1809년 2월 12일~1882년 4월 19일)

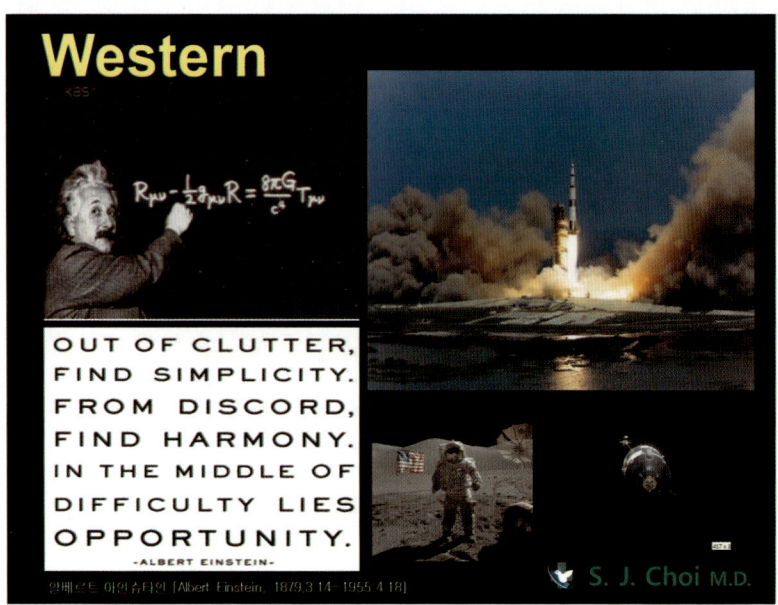

알베르트 아인슈타인(Albert Einstein, 1879.3.14~1955.4.18)

찰스 다윈(1809~1882)은 갈라파고스와 같이 격리된 지역에서 살아가는 동물들의 특징을 면밀히 관찰(Observation)하여 〈진화론〉을 주장하게 되었습니다.

아인슈타인(1879~1955)은 "혼란가운데 단순함을, 불일치가운데서 조화를 발견하라(Out of clutter, find simplicity. From discord, find harmony.-Albert einstein)"고 하며, 상대성이론을 발표하고 원자폭탄과 우주로 가는 로켓을 개발하게 됩니다. 뉴턴과 아인슈타인은 자연 혹은 현상의 가운데 있는 물리적 이치를 관찰(Observation)하여 그것을 수학적 원리로 표현함으로써 자연의 이치를 활용할 수 있는 길을 열어준 것입니다.

서양의 눈부신 과학문명의 발전은 관찰(Observation)에 의해 얻어진 자연의 이치에 대한 이해와 식민지로부터 유입된 자본의 결합으로 이루어졌다고 할 수 있습니다.

그런데 대양을 끼고 있는 스페인, 포르투갈, 프랑스, 영국 등이 배를 타고 나가 식민지를 건설하고 금과 은, 값진 것들을 약탈하여 엄청난 부를 쌓을 동안 배를 띄울 수 없는 유럽 내륙의 국가들, 독일이나 오스트리아는 산업혁명을 일으키고 기술을 개발하여 돈 많은 나라에 물건을 팔다가 성이 차지 않자 빌미를 잡아 전쟁을 일으키게 되는데 그것이 1,2차 세계대전의 한 원인이 됩니다. 수천 만 명이 죽은 전쟁은 연합군의 승리로 끝나고 우리나라를 포함한 전 세계 60여 개의 식민지가 독립을 선언하게 됩니다.

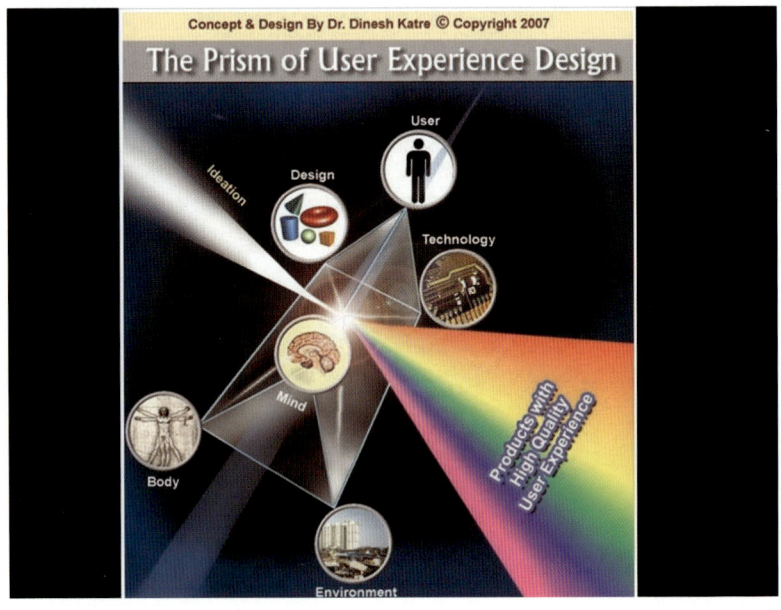

정리해 보면, 서양문명은 왜곡된 기독교와 무소불위의 교황권력으로 인해 정신문화가 경직된 반면, 사물을 관찰(Observation)하여 얻은 지식을 바탕으로 프리즘적 사고, 즉 분석적인 사고에 기초를 둔 실리적 문명을 창조하였습니다.

2) 동양 : 내적성찰(Introspection)을 통한 정신문명 창조

 이렇게 서양문명이 세상의 물리적인 이치에 눈을 뜨고 사물에 대한 분석적인 이해를 바탕으로 외형적인 발전을 할 때, 동양에서는 석가모니, 공자, 맹자 등 많은 성인들과 학자들이 내적성찰(Introspection)을 통해 우주의 근본 원리와 인간의 본질에 관한 문명을 만들어왔습니다.

 맹자(B.C 337~289)는 "측은한 마음은 인(仁)의 단서요, 부끄러워하고 미워하는 마음은 의(義)의 단서요, 사양하는 마음은 예(禮)의 단서요, 옳고 그름을 가리는 마음은 지(智)의 단서"라고 하여 이 사단(四端) : 측은지심(惻隱之心)·수오지심(羞惡之心)·사양지심(辭讓之心)·시비지심(是非之心)을 인간본성의 본질로 보고 이를 발전시키면 천하의 안정을 도모할 수 있다고 하였습니다. 또 『예기(禮記)』에서는 사람의 정(情)으로 칠정(七情 : 희(喜)·노(怒)·애(哀)·구

3) 동양과 서양 문명의 융합

Kasimir Malevitch : 1878~1935
〈검은사각형 Black Square〉,
1913년, Oil on Canvas,
41 3/4 × 41 7/8 inches
절대 Reality

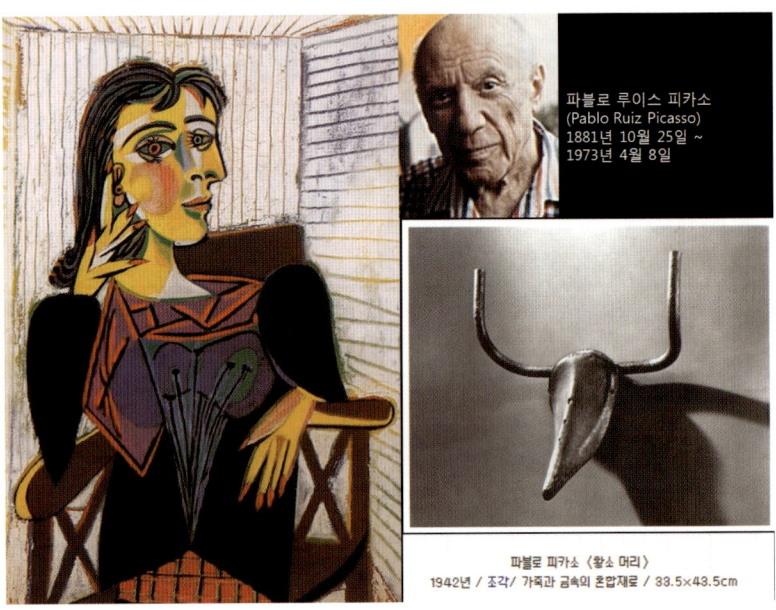

파블로 루이스 피카소
(Pablo Ruiz Picasso)
1881년 10월 25일 ~
1973년 4월 8일

파블로 피카소 〈황소 머리〉
1942년 / 조각/ 가죽과 금속의 혼합재료 / 33.5×43.5cm

　　20세기 초, 말레비치(1878~1935), 피카소 같은 미술가들은 물질적 현실세계를 초월하여 눈에 보이지 않는 추상의 세계를 추구하게 되면서 사물의 이치에 대한 관찰적, 분석적 사고에 기반을 둔 서양문명에 변화가 일어나기 시작합니다.

2) 동양 : 내적성찰(Introspection)을 통한 정신문명 창조

 이렇게 서양문명이 세상의 물리적인 이치에 눈을 뜨고 사물에 대한 분석적인 이해를 바탕으로 외형적인 발전을 할 때, 동양에서는 석가모니, 공자, 맹자 등 많은 성인들과 학자들이 내적성찰(Introspection)을 통해 우주의 근본 원리와 인간의 본질에 관한 문명을 만들어왔습니다.

 맹자(B.C 337~289)는 "측은한 마음은 인(仁)의 단서요, 부끄러워하고 미워하는 마음은 의(義)의 단서요, 사양하는 마음은 예(禮)의 단서요, 옳고 그름을 가리는 마음은 지(智)의 단서"라고 하여 이 사단(四端) : 측은지심(惻隱之心)·수오지심(羞惡之心)·사양지심(辭讓之心)·시비지심(是非之心)을 인간본성의 본질로 보고 이를 발전시키면 천하의 안정을 도모할 수 있다고 하였습니다. 또 『예기(禮記)』에서는 사람의 정(情)으로 칠정(七情 : 희(喜)·노(怒)·애(哀)·구

(懼)·애(愛)·오(惡)·욕(欲))을 들고, 이는 배우지 않아도 능한 것이라 하였습니다.

주자(朱子, A.D 1130-1200)는 이러한 사단(四端)과 칠정(七情)을 성정론(性情論)으로써, 마음의 발현되지 않은 상태(未發)와 발현된 상태(已發), 곧 미발기발설(未發已發說)로 발전시켰고, 이후 사단칠정론은 미발기발설, 이기설(理氣說), 인심도심설(人心道心說) 등과 관련을 가지면서 복잡다기한 논쟁을 일으키게 됩니다. 조선 성리학(朝鮮性理學)에서는 이 사단칠정론이 성(性)과 정(情)의 개념을 서로 달리하고, 또 서로 다른 이(理)·기(氣)의 개념에 사단(四端)과 칠정(七情)이 더해져서 많은 논쟁이 일어나게 됩니다. 대표적인 것은 이황(李滉)과 이이(李珥)의 논쟁입니다. 이황은 이기호발(理氣互發)의 기본 전제에서 "사단(四端)은 이(理)가 발현된 것으로 순선(純善)이며 곧 도심(道心)"이라 하였고, "칠정(七情)은 기(氣)가 발(發)한 것이며 선·악(善惡)을 겸한 것으로서 곧 인심(人心)이라 하고, 이는 순한 것이고 기는 잡한 것"이라고 하였습니다. 여기에 대해 이이(李珥)는 기발이승일도(氣發理乘一途)의 기본 전제에서 "사단(四端)과 칠정(七情)은 모두 기(氣)가 발(發)하는 것"이라 하고 또 "칠정(七情)이 사단(四端)을 포함한다"고 설명하였습니다. 이후 사단칠정론은 주리파와 주기파의 양대 분파로 갈라져 계속적인 논쟁을 거치면서 크게 발전하여, 조선성리학이 중국성리학과 다른 일가를 이루게 됩니다.

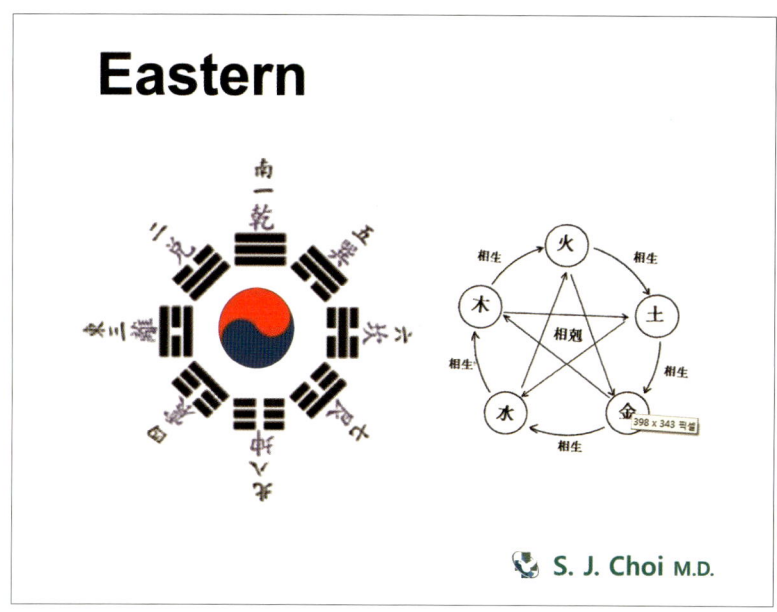

중국을 중심으로 한 동양적 우주관은 그 중심에 음양태극이 있고 8괘 64괘로 확장되는 각 구성 요소들이 상생과 상극을 통해 균형과 조화를 이루고 있다는 것입니다. 사람의 운명뿐 아니라 건강도 음과 양의 조화로 이해하였고, 모든 우주 만물의 변화 원리를 음양부호인 괘로 나타내고자 하였습니다.

이처럼 서양이 관찰을 통해 자연과 사물의 이치에 눈을 떠 그 이치를 활용한 물질문명을 만들어갈 때 동양에서는 우주의 근본원리, 인간의 본질에 관한 내적성찰에 기반을 둔 정신문명을 창조하였습니다.

3) 동양과 서양 문명의 융합

Kasimir Malevitch : 1878~1935
〈검은사각형 Black Square〉,
1913년, Oil on Canvas,
41 3/4 × 41 7/8 inches
절대 Reality

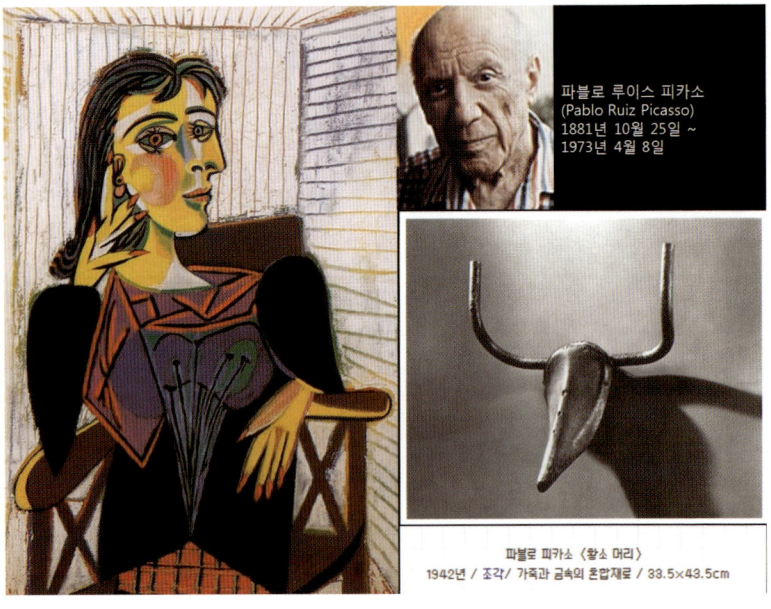

파블로 루이스 피카소
(Pablo Ruiz Picasso)
1881년 10월 25일 ~
1973년 4월 8일

파블로 피카소 〈황소 머리〉
1942년 / 조각/ 가죽과 금속의 혼합재료 / 33.5×43.5cm

    20세기 초, 말레비치(1878~1935), 피카소 같은 미술가들은 물질적 현실세계를 초월하여 눈에 보이지 않는 추상의 세계를 추구하게 되면서 사물의 이치에 대한 관찰적, 분석적 사고에 기반을 둔 서양문명에 변화가 일어나기 시작합니다.

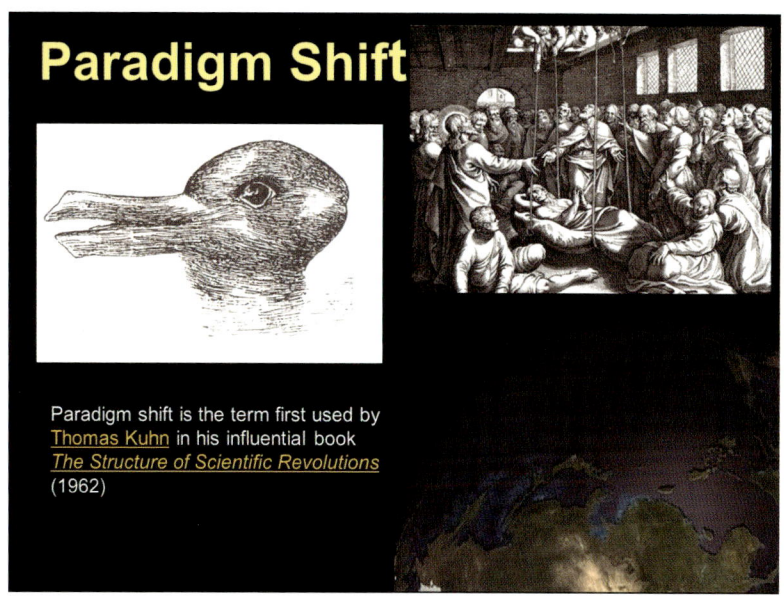

　토마스 쿤(1922~1996)은 같은 사물이라도 보는 관점에 따라 달라질 수 있다고 하며 이를 '발상의 전환(paradigm shift)'이라고 하였습니다. 이 그림 어찌 보면 토끼처럼 또 어찌 보면 오리처럼 보이죠? 발상의 전환을 보면 정말 우리 생각의 변화, 관점의 변화가 얼마나 중요한지를 알 수 있습니다. 성경에 보면 예수님이 집안에서 병자를 고치시는데 소문을 듣고 달려온 사람들이 어찌나 많은지 중풍환자를 방안으로 들여보내지 못하게 되자, 친구들이 힘을 모아 천정을 뚫어 환자를 내렸고, 예수님께서는 그 믿음을 보시고 병을 낫게 해주어 즉시 자리를 털고 일어나 사람들 사이로 걸어갔더라는 내용이 있습니다. 어떤 난관에 봉착했을 때 발상의 전환은 그 위기를 벗어나게 해줍니다. 우리나라 지도도 보는 방향을 조금만 바꾸면 영 다른 느낌의 지도가 되는 것을 알 수 있습니다. 보는 시각을 달리하면 새로운 세상을 볼 수 있습니다. 천동설이 정설이 되어 있던 시절 코페르니쿠스가 지동설을 주장하였던 것을 기념하여 기존 사고의 틀을 뛰어넘는 것을 '코페르니쿠스적 패러다임의 전환'이라 말합니다. 창조적 마인드의 가장 기본이 되는 것은 고정관념에서 벗어나는 것 즉 패러다임, 발상의 전환입니다. 그러나 고정관념에서 벗어나는 것, 이제까지 해오던 방법이 아닌 다른 방법을 시도하는 것은 쉬운 일이 아닙니다. 특히 결과에 따라 책임이 따르는 결정을 해야 할 때 검증된 방법이 아닌 다른 방법으로 시도하기 위해서는 먼저 그 일의 가치에 대한 분명한 이해와 확신, 믿음이 있어야 합니다. 흔히 공무원의 복지부동을 말하지만 지금처럼 업무의 과정보다 결과에 따라 승진여부가 결정되는 구조 하에서 검증되지 않은 새로운 방법으로 모험을 하기란 쉽지 않습니다. 창조 창조 하지만 창조적으로 일한다는 것은 아무도 시도하지 않았던, 아니 때로는 많은 사람들이 반대하는, 한 마디로 말하면 결과를 확신할 수 없는 불확실성과 모험을 감수해야 가능한데, 지금처럼 일의 과정보다는 결과로 모든 것을 판단하는 사회 분위기에서는 창조적 사고가 꽃피기 힘듭니다.

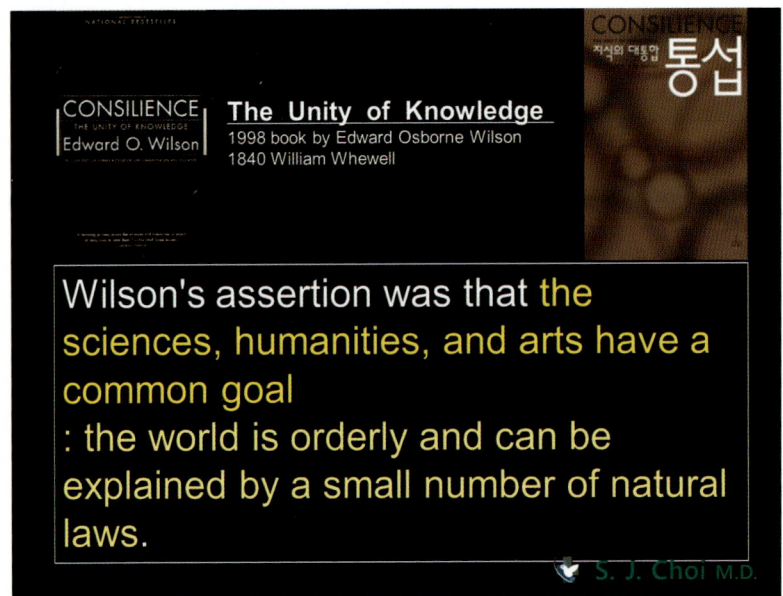

1998년 오스본 윌슨이 '지식의 통합(Consilience -The Unity of Knowledge)'이란 책을 발표하면서 관찰과 분석을 통해 발전해 온 서양문명에 새로운 방향을 제시하게 됩니다. 이 책에서 오스본 윌슨은 과학과 인문학, 예술이 결국은 공통의 목표를 갖고 있으며, 세상을 움직이는 원리는 그리 복잡하지 않다고 주장하였습니다. 이후 서양적 가치인 분석적 사고의 한계를 경험한 많은 석학들이 동양적 가치인 통합과 융합적 사고에 관심을 갖게 되었습니다. 이 책은 때마침 21세기의 개막, 정보통신기술의 비약적 발전 등과 맞물려 국내외에 큰 반향을 불러 일으켰습니다. 우리나라에서도 많은 석학들이 통합과 융합의 필요성을 역설하면서, 학교의 문과 이과 구분을 없애자, 혹은 서로 다른 기술과 산업의 융합을 통해 새로운 영역을 개발하자는 의견들이 봇물처럼 터져나왔고, 통섭이란 개념이 우리나라 사회 전체를 뒤흔들어 놓았습니다.

　이러한 통합과 융합이라는 21세기 패러다임을 먼저 실행에 옮긴 사람이 바로 애플의 스티브 잡스입니다. 그는 아이폰, 아이패드와 같은 혁신적 단말기를 만들었을 뿐 아니라 그것들을 통합할 수 있는 환경을 만들고, 모든 것을 웹 공간에서 해결할 수 있게 함으로써 새로운 세상을 열었습니다. Think Different를 부르짖으며 매번 혁신적인 제품을 선보였던 스티브 잡스는 제품을 만들 때 항상 인문학(Liberal Art)과 공학(Technology)의 교차점에 있고자 노력했다고 했습니다. 먼저 인문학적으로 어떻게 하면 사람들의 생활을 전보다 낫게 바꿀 수 있을지 파악한 다음 공학적으로 제품을 만들어 그것을 구현하고자 했던 것입니다.

21세기에 우리 대한민국이 세계 초일류국가가 되기 위해서는 창조적 개인, 창조적 조직, 창조적 기업, 창조적 국가가 되어야 합니다. 이제 이것은 새 정부가 국정지표의 핵심으로 창조경제를 내세울 정도로 모두가 공감하는 것입니다.

그러나 창조경제가 뭔지 개념이 제대로 정립이 되지 않아 우왕좌왕 할 정도로 〈창조적〉이란 말은 매우 추상적이고 개념을 바로 잡기 힘든 것이 사실입니다.

어떻게 하면 우리 모두 〈창조적〉으로 살 수 있을까요?

어떻게 하면 창조적 개인, 창조적 기업, 더 나아가 창조적 국가를 만들 수 있을까요?

4. 삼원색 창조원리

역경을 딛고 성공한 사람들의 이야기는 많은 사람들에게 감동을 주며, 사람들은 그를 멘토로 삼아 그가 성공한 방법은 물론 그가 걸었던 길을 따라 걸으며 그 사람처럼 성공하기를 꿈꿉니다. 21세기 창조의 시대를 맞아 많은 이들이 창조적 삶을 살아가는 사람들, 또 창조국가의 특성을 분석하여 창조를 위한 수많은 방법론들을 제시하고 있으며, 창조에 관한 이론들도 봇물을 이루고 있습니다만 모든 사람, 모든 경우에 적용할 수 있는〈창조의 원리〉로써는 조금 부족한

것 같습니다.

  21세기 창조의 시대는 더 이상 멘토의 시대가 아닙니다. 성공한 사람을 따라하거나 벤치마킹해서는 자신만의 창조적 삶을 살 수가 없습니다. 만약 사과나무의 성공스토리를 듣고 딸기가 같은 방법으로 노력한다고 사과가 될 수 있겠습니까? 창조의 시대는 모든 사람들이 자신만의 열매를 맺는 시대입니다. 21세기 창조의 시대에는 누구처럼, 누구와 같은 방법으로는 성공할 수 없습니다. 그들의 성공스토리 가운데 녹아있는 원리, 모든 사람의 삶에 적용할 수 있는 〈창조의 원리〉를 찾아 내 삶에 적용하여야 합니다.

  통합과 융합을 통한 창조를 말하면서 산업과 산업, 산업과 문화, 인문학과 공학의 융합을 말하지만, 근본적으로는 자연관찰적(Observation) 사고로 발전한 서양의 물질문명과 내적성찰(Introspection)적 사고로 발전한 동양의 정신문명을 하나로 통합, 융합하여 새로운 문명을 창조하는 것이 21세기 우리 시대의 과제입니다. 이에 저자는 21세기 창조적 문명을 건설하기 위해 동양의 정신문명과 서양의 물질문명 속에 담겨 있는 창조의 원리를 찾고자 했습니다.

  태초에 하나님이 세상을 창조하신 이후 사실은 창조란 없고, 재창조만 있을 뿐입니다. 하나님이 창조하신 세상에서 그 〈창조의 원리〉를 찾아내어 그것을 우리 각자의 삶에 적용한다면 우리 모두가 자신만의 방법으로 창조적 삶을 살아갈 수 있지 않을까요?

  시중에 창조적 사고에 관한 많은 책들이 나오고 있고, 여러 가지 경험과 예를 통한 창조의 방법들이 소개되고 있습니다만, 저자는 이러한 단편적인 창조의 〈방법론〉이 아니라 <u>창조적 삶을 꿈꾸는 모든 사람과 기업, 국가에 적용할 수 있는 〈창조의 원리 : the Principle of Creation〉를 찾고자 합니다.</u>

위의 그림은 하나님께서 창조하신 세상입니다. 푸른 하늘의 흰 구름과 황금빛 햇살, 불타는 저녁놀, 햇빛에 반짝이는 푸른 잎사귀, 수천 가지 색깔들이 저마다의 아름다움을 뽐내고 있습니다. 참으로 아름답죠?

그러나 세상에서 모든 색깔이 사라진다면 어떻게 될까요? 그 찬란하던 세상이 흑백으로 변하게 됩니다. 무미건조하고 따분한 삶을 monotonous한 삶이라고 이야기합니다. 모든 세상이 이렇게 보인다면 아마도 살 의욕도 사라지게 되겠지요. 〈창조〉란 암울하던 흑백의 세상을 다양한 색깔들로 가득한 아름다운 세상으로 만드는 것과 같습니다.

하나님은 어떻게 그렇게 찬란한 빛깔로 가득한 세상을 만드셨을까요? 이 세상을 아름답게 해 주는 수많은 색깔들의 창조원리를 알 수 있다면 우리도 아름다운 세상, 내가 원하는 그 무엇을 창조할 수 있지 않을까요?

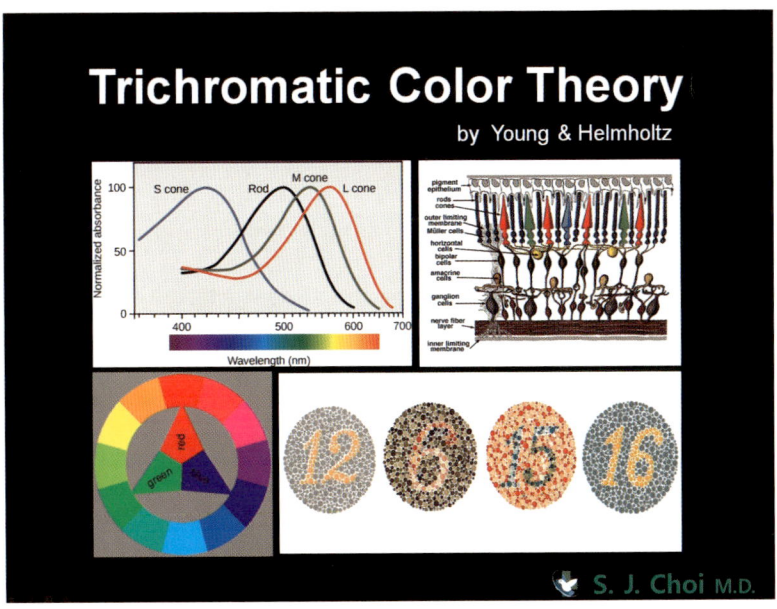

삼원색에서 배운 융합과 창조의 원리 / 63

17세기에 뉴턴(1643~1727)은 빛의 성질을 분석하여 파장에 따라 일곱 가지 색깔이 있음을 밝혔고, 영(1773~1829) 등은 모든 (빛)색깔의 기본색은 Red, Green, Blue 세 가지로 구성되어 있음을 발견하였습니다.(Trichromatic color theory by Thomas Young, Hermann von Helmholtz) 또한 20세기에 와서는 우리 눈의 망막에도 이 R,G,B 세 가지 색깔을 인식하는 세 종류의 원추세포(cone cell)가 있다는 것이 규명되었습니다. 각각 다른 파장을 인식하는 세 가지의 원추세포를 통한 신호들은 뇌의 시각영역(Visual Cortex)으로 전달되고 그곳에서 통합되어 하나의 특정한 색깔을 인지하게 되는 것입니다.

　　세상엔 수천 가지 (빛)색깔로 넘쳐나지만 근본적으로는 단지 세 가지 (빛)색깔로 구성되어 있으며, 우리 눈의 망막에는 이 세 가지 기본색을 받아들일 수 있는 세 종류의 세포뿐이지만, 우리의 뇌는 그 정보를 종합하고 분석하여 세상의 수많은 (빛)색깔을 구분할 수 있는 것입니다. 만약 망막에 이 세 가지 세포 중 하나라도 없으면 색깔을 구분하지 못하는 색맹이 됩니다.

　　이러한 **색깔(빛)의 삼원색을 통해 본 창조의 원리**를 저자는 〈**삼원색 창조원리**(Trichromatc principle of Creation〉라 부르고자 합니다.

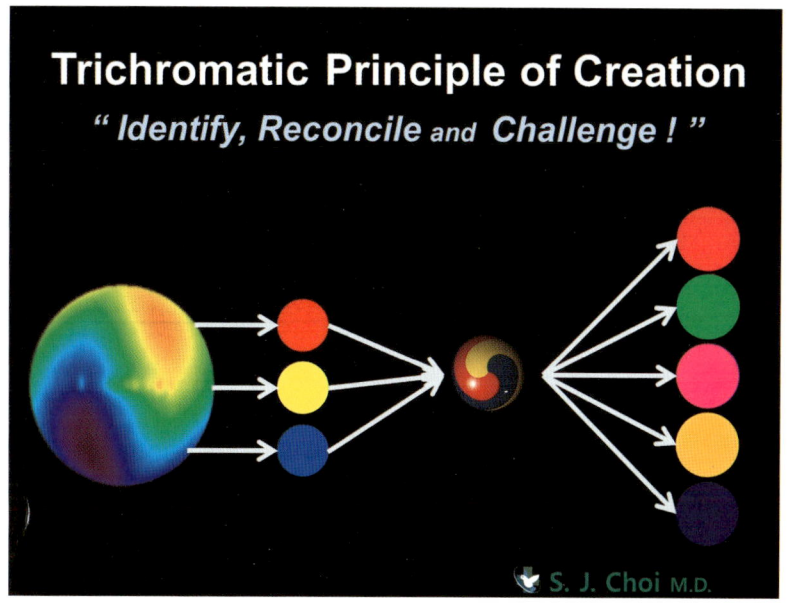

누구든 창조적 개인, 창조적 기업, 창조적 국가가 되기를 원합니다. 그것은 마치 나만의 색깔을 갖는 것과 같습니다. 누구나 자신만의 색깔을 갖기를 원하지만 자신의 색깔을 갖는다는 것 쉬운 일이 아닙니다.

〈삼원색 창조원리(Trichromatic Principle of Creation)〉는 모든 색깔의 근원이 되는 빨강, 노랑(녹색), 파랑 삼원색만 있으면 수많은 색깔, 더 나아가 세상에 없는 나만의 색깔을 만들 수 있듯이, 어떤 현상이나 사물의 본질적 요소를 파악하고 그것을 잘 조화시키면 수많은 것들을 재창조할 수 있다는 창조이론입니다. 혹자는 자기 마음이 내키는대로, 자신의 욕망에 따라 사는 것으로 자신만의 창조적인 삶을 만들어낼 수 있다고 말합니다. 그러나 그것은 무조건 아무 색깔이나 섞다보면 자신이 원하는 색깔이 나온다고 하는 것과 같은 논리입니다. 만약 삼원색이 아닌 다른 세 가지 색으로 원하는 색을 만들려고 노력한다면 그 수고는 헛것이 되듯이 자신이 원하는 일, 좋아하고 하고 싶은 일만 해서는 자신의 삶을 자유롭게 만들어갈 수 없습니다.

세상에 없는 그 무엇을 창조하기 위해서는 수많은 색깔 가운데서 세 가지 삼원색을 찾듯이 먼저 복잡해 보이는 현상 속에서 그 본질적 요소, 근본이 되는 이치와 가치를 파악하는 것이 필요합니다. 또한 삼원색을 인식하기 위해서는 우리 눈에 세 종류의 원추세포가 필요한 것처럼 그 본질적 구성 요소들을 받아들일 수 있는 다양한 시각과 그것을 잘 조정하고 조화시켜 하나로 만들 수 있는 통찰력이 있어야 하고, 또한 그것을 실행하고 도전할 수 있는 열정이 있어야 합니다.

1단계) 본질적 요소 / 가치를 파악(Identify)하라

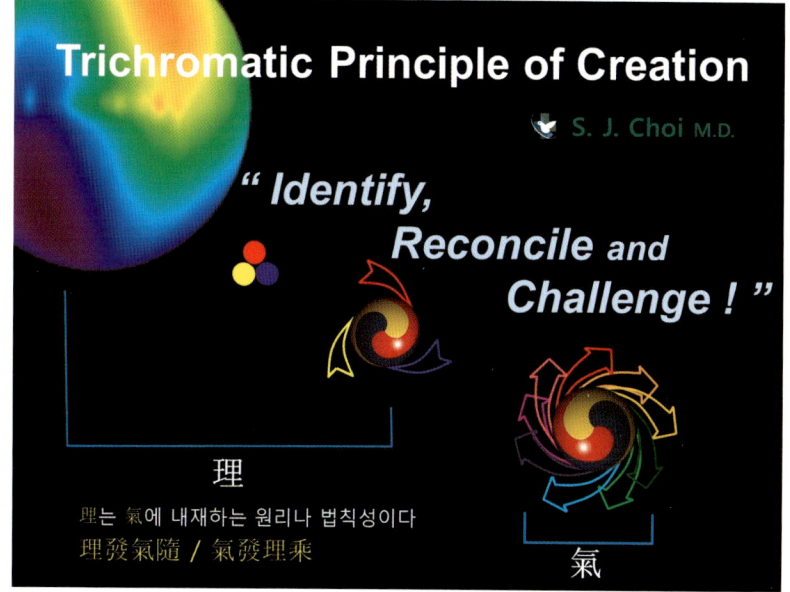

 새로운 창조를 위한 〈삼원색 창조원리〉 제 1단계는 Identify 즉, 모든 불확실한 현상이나 사물에서 가장 근본이 되는 본질적 요소, 본질적 가치를 통찰적으로 파악(Identify)하는 것입니다. 이것은 마치 자연계에 존재하는 수많은 색깔 가운데서 색의 삼원색, 빛의 삼원색을 찾는 것과 같습니다. 세상에 이미 존재하는 수많은 색깔 가운데서 근본이 되는 삼원색이 아니라 그냥 자신이 좋아하는 색으로 세 가지를 고른다면 그 세 가지 색깔은 가질 수 있으나 그 색깔을 이용해서 다른 색깔을 만들어낼 수는 없습니다. 그러나 모든 색의 기본이 되는 빨간색, 노란색(녹색), 파랑색을 갖는다면 그 세 가지를 섞어서 어떤 색이든 만들 수 있으니까 수십, 수백의 색깔을 갖는 것과 같은 것입니다. 그런데 수십 수백의 색깔 가운데서 그 근본이 되는 세 가지 색깔을 찾는다는 것은 참으로 어려운 일입니다.

수많은 색깔 중에서 단 세 가지의 삼원색을 찾는 것이 어렵듯이 어떤 현상이나 사물의 본질적인 요소나 가치를 파악하는 것(Identify)은 결코 쉬운 일이 아닙니다. 동양과 서양은 서로 다른 통찰(Insight) 방법으로 사물의 본질을 파악하여 다른 문명을 만들어 왔습니다. 동양에서는 명상(meditation 瞑想)과 성찰(Introspection 省察)을 통하여 우주의 근본과 인간의 본성을 파악하고자 하였고, 서양에서는 관찰(observation 觀察)을 통해 사물과 우주현상의 물리적 이치를 파악하여 문명을 건설하였습니다. 이렇게 동양과 서양은 서로 다른 **통찰(Insight)**을 통해 독자적인 문명을 만들어 왔습니다. 그래서 100여 년 전 서양문물을 접한 우리나라 선조들은 東道西器론으로 서양의 기술과 동양의 정신을 결합하여 새로운 문명을 만들고자 하였던 것입니다.

〈삼원색 창조원리〉에 따른 창조적 삶을 위한 첫 번째 단계는 불확실과 혼돈 가운데서 성찰과 관찰을 통해 근원이 되는 본질적인 요소, 본질적 가치를 파악하는 것입니다.

우리 눈의 망막에 세 종류의 색각 세포들이 있어 하나의 특정 색깔에서 발생한 세 가지 빛의 파장을 받아들여 뇌로 전달하면 시각피질(Visual cortex)에서 그 정보를 통합하여 그 특정 색깔을 인식하게 되는 것처럼, 한 가지 사물이나 현상을 볼 때 어떤 시각(관점)으로 보는가에 따라 그 의미가 달라지므로 사물의 본질적 요소들을 파악하기 위해서는 **다양한 시각으로 사물의 본질을 파악하는 통찰력**(Insight 洞察力)이 필요합니다. 여러 가지 관점에서 사물의 본질을 보는 통찰력을 얻기 위해서는 많은 시간 성찰하고 관찰하여야 합니다. 성찰(Introspection)은 인문학적이고 동양적이며, 관찰(Observation)은 자연과학적이며 서양적입니다.

'지식의 통합(The Unity of knowledge)'의 저자 에드워드 윌슨은 각 분과로 나누어진 학문이 서로의 영역을 넘나들며 통합될 것이며, 인문학과 과학을 융합하려는 노력을 인간지성의 위대한 도전이라 하였습니다. 그러나 개별 학문(Knowledge)은 불완전하긴 하지만 사실 진리나 세상을 바라보는 하나의 시각(View)입니다. 어떠한 문제, 사실이 있을 때, 특히 그것이 우리 인간의 한계를 넘어서는 것, 형이상학적인 것일 때, 그것을 바라보는 다양한 시각이 있을 수 있습니다. 아니 있어야합니다. 그러한 다양한 시각, 견해를 부정할 것이 아니라 그것들을 모아 통찰적으로 바라볼 수 있어야 하는 것입니다. 마치 눈의 망막에 세 가지 색각세포가 있어 하나의 색깔에 있는 세 가지 파장을 받아들여 뇌에서 그것을 통합하고 분석하여 수십 수백의 색깔을 구분하는 것과 같은 이치입니다.

만약 우리 눈에서 빨, 노, 파 파장을 구분해서 각각 받아들이지 않고 한꺼번에 합쳐서 받아들이거나 하나씩만 받아들인다면 수많은 세상의 색깔을 구별할 수 있을까요? 물리학과 화학, 생물학, 사회학, 인문학 등 모든 학문은 본질적으로 〈하나〉인 세상, 한 가지 현상을 설명하고 이해하는 서로 다른 관점입니다. 다양한 시각으로 사물을 볼 수 있어야 그 사물의 본질을 이해할 수 있습니다. 개별 학문이란 우리 눈의 망막에 있는 색각세포와도 같은 것입니다. 망막의 세 가지 색각세포들 중 하나에 문제가 있으면 색깔을 제대로 구분하지 못하는 색맹이 되듯이, 다양한 관점을 갖지 못하면 세상을 온전하게 파악(Identify)할 수 없습니다. 서로 다른 시각에 관하여 마음을 열고 상대방의 관점으로도 세상을 바라볼 수 있어야 새로운 것을 창조할 수 있습니다. 뉴턴은 자연과학적 관점에서 달을 보고 만유인력의 법칙을 발견하였고, 이태백은 인문학적 관점으로 달을 보고 문학적인 시상을 얻었습니다. 달을 볼 때 이 두 가지 관점에서 바라본다면 달을 더욱 통찰적으로 이해할 수 있으며 더 나아가 새로운 달의 가치를 창조할 수 있을 것입니다. 만약 윌리엄 휴얼이 말한 〈지식의 통합〉이 학문 간의 경계를 물리적으로 허물고, 서로의 영역을 넘나들며, 결국에는 하나로 만들어 나가고자 하는 것이라면, 그것은 세상을 바라보는 다양한 시각을 무디게 하여 세상과 진리를 통찰적으로 이해하는 데 도움을 주지 못할 것입니다. 개별 학문의 경계를 물리적으로 허물어 통폐합하는 것이 통합적 사고를 갖는 것이 아닙니다. 오히려 우리는 각각의 개별 학문을 더욱 발전시키면서 동시에 개별 학문을 통해 전체를 파악할 수 있는 통찰력(Insight)을 갖기 위해 노력해야 합니다. 단편적인 시각으로 문제를 바라보지 말고 통찰적으로 문제를 봐야 해결점을 찾을 수 있습니다.

내적 본질을 알게 될 때 비로소 새로운 외적 형상의 창조가 가능해집니다. 본질에 대한 고민 없이 외적 창조만을 추구하는 것은 마치 나무가 자라려면 물과 햇빛 그리고 좋은 땅이 필요한데 그것도 모르면서 좋은 열매를 맺기를 기대하는 것과 같습니다. 지금 우리 대한민국 교육의 가장 큰 문제 중 하나는 교육과정을 문과와 이과로 분리해서 원천적으로 배울 기회를 제한하는 것입니다. 본질적 가치를 파악하고 빨노파와 같이 때로는 모순된 것처럼 보이는 그 핵심가치들을 하나로 아우르기 위해서는, 우리 눈이 세 가지 색깔을 다 받아들이는 것처럼 다른 색깔을 받아들이는 열린 마음과, 우리의 뇌처럼 전체를 이해하고 볼 수 있는 통찰력(Insight)이 필요합니다.

우리의 뇌를 보면 좌뇌와 우뇌가 거의 똑같습니다. 그 사이에 격막이 있어 분리된 것처럼 보이지만 중뇌에 이르러 서로 합쳐지게 됩니다. 서로 역할이 다르지만 관계적 통합을 이루고 있는 것입니다. 사람을 좌뇌형 우뇌형으로 구분하는 것은 옳지 않습니다. 처음엔 좌뇌형 우뇌형이 있을 수 있으나 점차 양쪽을 다 쓸 수 있도록 하여 균형 잡힌 사람이 되도록 하는 교육이 되어야 합니다.

우리나라의 학교교육과정에서 문과 이과를 분리하여 애초에 배움의 기회를 주지 않는 것은 반드시 시정되어야 합니다. 통찰적 안목을 갖고 각 분야를 봐야 창조적인 영감을 얻을 수 있습니다. 지금도 공부할 것이 너무 많은데 문과 이과를 함께하면 과목이 너무 많아져서 학생들에게 부담이 될 것이라고 문과 이과의 통합을 반대하는 사람들이 많습니다. 그것은 공부가 뭔지 보는 관점이 달라서 생기는 문제입니다. 교육이 단지 지식을 전달하는 것이라 생각하면 문과 이과를 통합하기 위해서는 과목이 늘어나야 합니다. 초등, 중고등교육에 있어 개별 지식의 전달보다 더 중요한 것은, 문과적 사고 방법 즉 내적성찰의 방법, 이과적 사고방법 즉 외적 구현을 위한 방법을 가르치는 것입니다. 그렇다면 과목을 늘이지 말고 인문, 자연과학, 예술, 체육 네 과목으로 통합해서 교육할 수도 있을 것입니다. 즉 모든 색깔을 가르치려고 할 것이 아니라 모든 색의 기본이 되는 빨노파를 가르치고 아이들이 자신의 색깔을 만들어낼 수 있게 코칭하고 기다려야 합니다.

또 학업성취도 평가도 학생들의 수준에 관계없이 일등부터 꼴찌까지 줄을 세우는 상대평가방법은 반드시 개선되어야 합니다. 여기에서 모든 문제가 발생합니다. 하위 학생들은 아무리 노력해도 상위 학생들의 들러리밖에 되지 못하는 현실이 학생들을 좌절하게 만들고 학교폭력과 자살로 이어지게 만듭니다. 왜 모든 학생이 수(A)를 받으면 안 됩니까? 학습목표에 도달한 학생들 모두에게 학점을 주는 것이 기회의 평등에 부합하는 것입니다. 한반에서 모든 학생들이 일정수준 이상의 점수를 받았다면 그 선생님은 매우 칭찬받을 수 있게 하여야 합니다. 교육현장에서는 학생들의 특성을 알 수 있는 다양한 수단을 강구하고, 수학능력시험은 누구나 노력하면 성취할 수 있게 만들어야 합니다. 대학에서, 고등학교를 졸업하고 막 입학한 신입생들의 수준이 떨어져 걱정이라는 얘기를 들었습니다만 그런 분들께는 대학생이 고등학생보다 더 공부를 하지 않는 현실을 보라고 말하고 싶습니다. 대학, 대학원에서 원하는 분야의 공부를 제대로 할 수 있게 해야 합니다. 단 한 번의 시험으로 학생들의 장래를 결정짓는 것은 너무나 안일하고 행정편의주의적인 발상이라 하겠습니다. 대학에서는 어떻게 하면 좋은 학생들을 유치할 수 있을지 다양한 전형방법을 동원해야 하며 시대가 필요로 하는 인재를 기르기 위해 학과를 개설하고 좋은 교수를 초빙해야 합니다.

우리나라의 미래를 결정짓는 교육이 어린 묘목을 햇빛이 잘 드는 좋은 땅에 심고 물을 주어 각각 다른 모든 종류의 나무가 잘 자라도록 돌보아서 나중에 어떤 나무가 되고 어떤 열매를 맺게 될 것인지 기대하는 것이 되어야할지, 아니면 몇 가지 나무(의사, 변호사, 공무원……)를 얻기 위해 다른 묘목들을 희생시키는 현재의 시스템이 지속되어야할지 이젠 우리 사회가 결정해야 합니다.

재래시장을 지킨다고 주말에 대형마트의 문을 강제로 닫는 조례가 시행되고 있습니다만 대형마트의 문을 닫으면 그 고객들이 재래시장을 찾을 것이라는 생각은 너무나 단편적인 단순한 생각입니다. 소형가게에서 소매위주로 이루어지는 재래시장 골목상권은 도보문화권이고, 대량구매를 위한 대형마트는 자동차 문화권입니다. 재래시장을 살리고 싶으면 걷거나 자전거로 접근하기 쉬운 주거 환경을 만들어야 하고, 재래시장만의 특징을 살려나가야 대형마트와 경쟁할 수 있습니다. 길거리 골목마다 주차된 차로 인해 걷기조차 힘든 상황에서 재래시장 상권을 살린다는 것은 불가능한 일입니다. 먼저 걷거나 자전거로 살아갈 수 있는 사회구조를 만들어야 합니다.

정년연장 문제가 세대 간의 갈등을 유발하며 우리 사회의 뜨거운 화제가 되고 있습니다. 단순히 정년연장 하면 그 만큼 청년일자리가 줄어든다고 생각하는 것 또한 너무나 단편적인 시각입니다. 이것은 전 국가적인 산업인력의 수급차원에서 결정되어야 합니다. 다만 정년을 앞둔 근로자들은 단순하면서 반복적인 일, 혹은 그간의 경험을 살려 잘 할 수 있는 일자리에 투입해야합니다. 그러나 젊은이들은 그 일이 비록 지금은 힘들더라고 장차 자신의 능력을 개발할 기회를 가질 수 있는 장래성 있는 일자리를 찾아야 합니다. 정년이후 세대가 할 일과 젊은 세대가 할 일이 다릅니다. 그러므로 단지 숫자로 나타난 일자리만을 두고 청년과 장년이 서로 싸우는 것처럼 말하는 것은 옳지 않습니다.

요즘 많은 부부들이 성격차이를 이유로 이혼을 택하고 있습니다. 두 사람의 차이는 하나의 세상을 보는 두 가지의 관점 차이이므로 서로의 관점으로 세상을 바라보려고 노력하는 자세가 필요합니다. 같은 관점을 가진 사람들이 모이면 서로 이해하기 쉽고 편안하게 느껴지지만 더 이상의 발전을 기대하기는 힘이 듭니다. 내가 빨간색인데 빨간색을 만난 것과 같습니다. 서로 다른 관점의 사람들이 만나면 불편하고 이해하기 힘이 듭니다. 그러나 가정이나 국가, 어떤 단체든 서로 다른 관점의 사람들이 모이는 곳에 발전이 있습니다. 내가 빨간색이면 녹색이나 파랑색을 만나야 다양한 색깔을 만들 수 있습니다. 건강한 가정을 만들기 위해서는 서로 다른 성격의 부부들이 만나는 것이 필요합니다. 서로 다른 색깔의 부부가 만나 힘들지만 조화를 이룰 때 아름다운 색깔의 가정을 만들 수 있습니다.

우리 사회에는 북한을 보는 시각도 다양하게 존재합니다. 북한을 한핏줄 이어받은 우리 동포로 보면 그들이 비록 좀 잘못을 하더라고 용서하고 '한 조각 심장이라도 남거들랑 껴안고 가야만 하는 겨레(이은상 시 '고지가 바로 저긴데'에서 부분 인용)'이므로 조건 없이 대화를 해야 한다고 생각합니다. 또 어떤 이들은 6.25전쟁을 일으키고, 수많은 사람을 굶어죽게 하면서 핵개발에 매달리는 공산정권과는 상종도 하지 말아야 한다고 말하기도 합니다. 경제적으로 북한을 보는 사람들은 그들의 노동력과 지하자원에 주목하여 정치와 관계없이 개성공단이나 경제활동은 계속되어야 한다고 말하는 사람도 있습니다. 대통령이 신년사에서 "통일은 대박"이라고 하니 각 언론매체에서는 통일이 되면 당장 대박이 날 것처럼 앞 다투어 보도하고 있습니다. 그러나 그 모든 것은 하나의 관점일 뿐 본질이 아니라는 것을 알고, 본질을 알고자 하는 통찰력을 가져야 합니다. 남북의 문제는 단편적 시각이 아닌 다양한 관점에서 통찰적으로 바라볼 수 있을 때, 즉 자신의 의견을 주장하면서도 다른 사람의 의견을 수용할 수 있을 때 비로소 남북의 통일도 가능하게 될 것입니다.

최근 국내에서도 역사교과서 채택여부를 두고 뜨거운 논쟁이 벌어지고 있습니다. 지나간 역사와 인물을 어떤 관점에서 볼 것인가 하는 문제로 서로 자신의 관점에서 봐야한다고 주장하고 있습니다. 역사나 인물에 대한 해석은 관점에 따라 다를 수 있습니다. 아니 달라야합니다. 하나의 관점으로는 역사나 인물을 제대로 이해할 수 없습니다. 역사나 인물 또한 통찰적으로 여러 가지 관점을 수용할 수 있을 때 바르게 이해할 수 있습니다.

많은 이들이 선진국에 비하여 기초분야의 기반이 취약한 우리나라의 나아갈 방향으로 각 산업과 학문을 융합하여 새로운 가치를 창조하는 것을 제시하고 있습니다. 물론 이제는 산업이나 학문에서도 각 분야의 통합과 융합 없이는 새로운 도약을 꿈꾸기 힘든 시대가 되었습니다. 그렇다고 해서 각 기초분야 또는 세부 분야에 대한 관심과 투자가 줄어서는 안됩니다. 삼원색 창조원리로 볼 때 빨, 노(녹), 파가 순수할수록 그것을 이용해서 만들어낸 색깔도 아름답습니다. 순도 높은 빨노파를 갖지 못하면 아무리 색을 섞어도 멋진 색깔을 만들 수 없듯이 각 산업과 학문의 개별적인 발전이 없이는 제대로 된 통합(융합)의 결과를 얻을 수 없습니다. 최근 과학뿐 아니라 모든 분야에서 융합이 대세입니다만 통합과 융합을 논하는 많은 사람들이 본질적 통찰에 대한 고민이 없이 그냥 이것저것 서로 다른 분야를 적당히 섞으면 통합이 되고 융합이 되는 줄 아는 사람들이 많은 것 같습니다. 그것은 마치 빨노파가 아닌 다른 아무 색깔을 가져다가 막 섞다보면 어쩌다가 괜찮은 색도 나오지만 대부분 실패하는 것과 같이 매우 비효율적인 창조의 방법입니다. 융합을 통한 창조를 위해서는 각 세부 분야의 발전이 반드시 있어야 합니다. 각 기초 분야에서 최고 수준을 확보해야 그 융합의 결과물 또한 최고 수준의 창조물로 만들 수 있습니다. 그것은 어렵지만 불가능한 일이 아닙니다. 우리는 이미 그 격차를 새로운 패러다임으로 극복한 경험을 갖고 있습니다. 예를 들면 아날로그시대 음향기기들은 감히 우리가 넘볼 수 없는 시장이었습니다. 그러나 우리나라는 독자적인 디지털 기술을 바탕으로 처음으로 디지털 음향시대를 열었고, 단숨에 소형 음향기기 시장에서 선진국들과 어깨를 나란히 하게 되었습니다. 그러므로 나노와 바이오, 생명공학, 줄기세포 등 기존의 산업과는 차원이 다른 기초 분야에 우리의 모든 역량을 집중하여 과감하게 도전하여야 합니다. 융합산업에 치중하다가 자칫 기초소재분야에서 뒤진다면 결국 제대로 된 융합도 하기 힘이 듭니다.

윌리엄 휴얼은 인문학과 자연과학을 융합하려는 지식의 대통합을

'21세기 인류의 위대한 도전'이라 표현했지만 사실 우리 조상들은 이미 수백 년 전에 인문학적인 이(理)와 자연과학적인 기(氣)의 통합에 관하여 자신들의 목숨을 걸고 치열한 논쟁을 벌였습니다. 조선시대 이(理)와 기(氣)에 관한 논란을 간단하게 요약하면 다음과 같습니다. 당시 조선시대 초 훈구파에 밀려 재야에 있던 퇴계 이황(李滉 1501~1570)은 사단이란 이(理)에서 나오는 마음이고 칠정이란 기(氣)에서 나오는 마음이라 하였으며, 이는 순하고 기는 잡하므로 이가 기를 지배하여야 한다는 주리론적 이기이원론(理氣二元論)을 주장하였습니다. 그는 사단이 칠정을 지배하고 이끄는 것처럼(理發氣隨) 순수한 이상의 사림이 당시 지배세력이던 부패한 훈구파 척신을 몰아내야 하고, 사대부들이 일반 농민을 이끌어야 한다고 믿었습니다. 이황보다 35년 늦은 이이(李珥 1536~1584))는 훈구파를 몰아내고 사림이 득세한 시절이었으므로 지배세력으로서 이상과 함께 현실을 생각하지 않을 수 없었고, 이(理)와 함께 기(氣)와 현실을 중시하는(氣發理乘) 주기론적 이기일원론(理氣一元論)을 주장하게 됩니다. 이후 이황의 제자들은 영남학파(嶺南學派)와 동인정파가 되어 주리론에 근거한 원론중심의 정론을 폈고, 이이를 중심으로 하는 기호학파(畿湖學派)는 서인정파를 이루어 주기론에 근거한 현실을 중시하는 정책을 펴면서 사사건건 대립하게 되고 조선시대 당쟁의 시발이 됩니다. 서양에서 진보와 보수로 나뉘었듯이 조선시대에는 이와 명분을 중시하는 영남학파(동인)와 기와 현실을 중시하는 기호학파(서인)로 나뉘어 대립하게 됩니다. 지금도 이 두 가지 사유의 방식은 우리 사회에 지대한 영향을 미치고 있습니다. 여기에 진보(Liberal)와 보수(Conservative), 공산주의와 민주주의의 이념대립까지 더해져 동서와 남북으로 분열된 것이 우리나라 현재의 모습입니다. 더구나 계층 간, 세대 간 갈등까지 우려할 만한 상황이 되었습니다.

이젠 이러한 분파적 사고에서 벗어나야 합니다. 주리론(理發氣隨)이나 주기론(氣發理乘)을 주장할 수 있으나 어쨌든 이는 행함, 즉 기의 발현으로써 그 자체가 완성이 됩니다. 대통합의 시대를 맞아 理(믿음, 명분)과 氣(행함, 실리)를 시간과 공간개념으로 분리하지 않고 동시에 추구하며, 이와 기를 함께 아울러 과거에 얽매이지 않고 현재를 극복하고 미래를 향해 도전할 수 있게 해주는 새로운 패러다임, 새로운 이론이 필요합니다. 그것이 바로 〈삼원색 창조원리〉입니다.

요즘 꿈에 관한 책들과 방송 프로그램이 인기를 끌고 있습니다. 나는 요리사가 될 거야, 나는 게임개발자가 되고 싶어요, 내 꿈은 세계 100개국 이상을 가보는 것입니다, 나는 부자가 되고 싶어요 등등 자기가 좋아하는 일 하는 것이 꿈을 이루는 것이고 성공하는 것이라고 말합니다. 어떤 학자는 자신의 욕망을 따라 사는 것이 꿈을 이루는 길이라 하고, 어떤 이는 자기 암시와 긍정적 신념이 꿈을 이루게 해준다고도 합니다. 그러나 그 전에 나는 어떤 사람이 될 것인지, 어떤 본질적 가치(Values)와 믿음(Beliefs)을 위해 내 인생을 투자할 것인지에 관하여 깊은 내적성찰(Introspection)이 있어야 합니다. 일생을 두고 추구해야할 본질적 가치에 대한 깊은 내적성찰이 없이 외형적인 꿈을 정했다면, 그 꿈이 이루어졌을 때 잠깐은 성취감으로 행복하겠지만 내가 이것을 위해 그렇게 노력했던가 하는 깊은 허탈감에 빠질 수 있습니다. 이 본질적 가치와 믿음, 이(理)에 대한 학문이 '인문학'입니다.

예수님은 "구하라 그러면 너희에게 주실 것이요, 구하는 이마다 얻을 것이다."라고 하셨습니다(마태7：7) 우리는 무엇을 구해야 할까요? 기도란 하나님께 내가 필요한 무엇을 구하기도 하지만, 하나님께서 내게 원하시며 주고자 하시는 것, 즉 나를 향한 하나님의 뜻을 파악(Identify)하는 과정이라고 할 수 있습니다. 그러므로 무엇을 구할지에 대한 통찰력(Insight)을 갖는 것이 필요합니다. 예수님은 "너희는 먼저 그의 나라와 그의 의를 구하라. 그리하면 이 모든 것을 너희에게 더하시리라."고 하셨습니다(마6 : 33). 하나님의 나라와 하나님의 의가 우리 삶의 가장 본질적인 중요한 가치임을 말하고 있습니다. 먼저 본질적 요소를 구할 수 있는 통찰력이 필요합니다. 하나님께서 기뻐하실 빨노파를 구하면 다른 것은 좋은 것으로 우리에게 그냥 주실 것이라 약속하십니다. 그러므로 우리는 무엇을 먹을까 무엇을 입을까 또는 돈이나 출세, 명예를 구하지 말고 나를 향하신 하나님의 선하고 온전하시고 기뻐하시는 뜻이 무엇인지 발견하기 위해 기도해야 합니다.

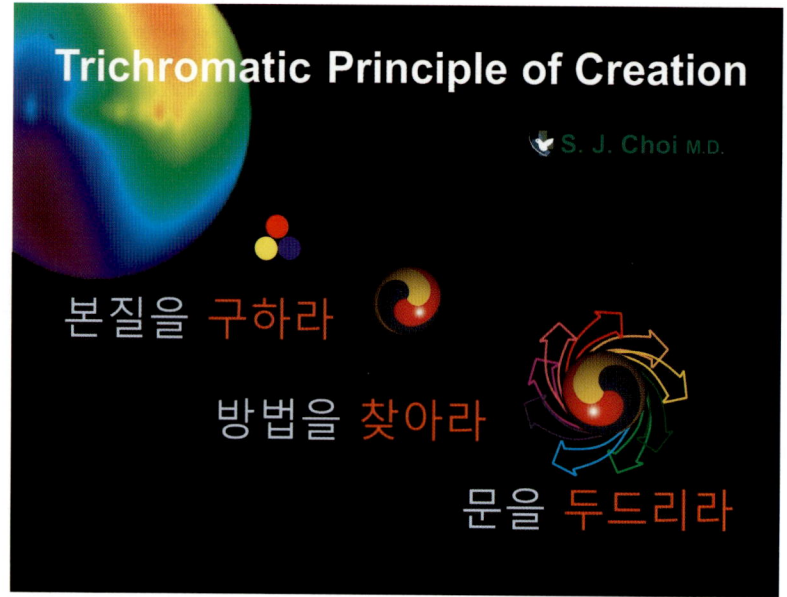

2단계) 관계적으로 통합(화목, Reconciliation)하라

다음은 새로운 창조를 위한 삼원색 창조원리 제2단계입니다. 우리 눈의 망막에 있는 세 가지 색각세포(cone cell)들은 각각 하나의 파장만을 받아들이지만 뇌에서 그 신호들을 통합하여 특정 색깔로 인지하듯이, 새로운 창조를 위해서는 파악한 본질적 요소들을 하나로 통합(Integration)하여야 합니다. 그런데 어떻게 하면 서로 다른, 때로는 서로 모순된 것처럼 보이는 본질적 요소들을 하나로 통합할 수 있을까요? 진보와 보수, 개발과 보존, 쾌락과 금욕 등을 어떻게 하나로 만들 수 있을까요?

윌슨의 통섭(Consilience 統攝)

에드워드 윌슨은 1998년 발표한 그의 저서 〈Consilience : Unity of knowledge 지식의 통합〉에서 '과학, 인문학과 예술은 하나의 공통된 목적을 가지고 있으며, 세상의 질서는 몇 가지 안 되는 자연의 법칙만으로 설명할 수 있다.(Wilson's assertion was that the sciences, humanities, and arts have a common goal : the world is orderly and can be explained by a small number of natural laws.)'고 하며 분과로 나누어진 지식의 통합을 주장하였습니다. 그는 이 책에서 자연과학과 인문학의 융합노력을 설명하면서 19세기 자연철학자 윌리엄 휴얼(William Whewell)이 〈귀납적 과학의 철학〉에서 말한 'Consilience'란 개념을 부활시킵니다. 'Consilience'란 휴얼이 만든 신조어로 '서로 다른 현상이나 학문들로부터 도출되는 귀납적 명제들이 서로 일치하거나 정연한 일관성 보이는 상태'를 말합니다. 휴얼이나 윌슨이 말하는 Consilience란 여러 갈래의 냇물이 모여 강을 이루듯이 '과학적으로 입증된 사실들과 사실에 기반한 이론을 연결함으로써 지식을 통합'하는 것을 말합니다. 우리나라에는 2005년 최재천 교수에 의해 '사물에 널리 통하는 원리로 학문의 큰 줄기를 잡는다'는 뜻의 통섭(統攝)으로 번역되어 소개되었고, 최 교수는 나무의 비유를 통해 뿌리는 보이지 않는 학문, 또 가지는 보이는 학문으로 생각할 때 뿌리와 가지를 연결하는 줄기가 통섭(統攝)의 현장이라 하였습니다.

이러한 통섭(統攝)의 개념은 우리나라에서도 큰 반향을 일으켰으며 지금까지도 사회적 화두가 되고 있습니다. 또 정치 사회 경제 문화 자연과학 등 각 분야의 지식을 두루 갖춘 사람을 '통섭(統攝)형 인재'라 하고, 앞으로는 통섭형 인재가 미래 사회의 주역이 될 것이라 말합니다. 그래서 취직을 위해 영어는 기본이고 한문, 컴퓨터 등 수많은 스펙을 쌓아 통섭형 인재가 되려고 노력합니다. 그러나 참한 우물파기도 힘든데 여러 우물을 파고 또 그것을 연결까지 해야 한다면 진짜 그런 사람이 몇이나 될까요?

한 분야의 본질적인 요소를 파악하는 것도 힘든 일인데 여러 분야의 본질적 요소를 파악하고 아우른다는 것은 참으로 힘든 일입니다. 그런데 통섭을 논하는 사람들 중에는 책 몇 권으로 인문학과 사회학, 자연과학을 보는 안목을 갖게 되고 더 나아가 그것들을 통합하여 새로운 것을 만들어낼 수 있다고 생각하는 사람들이 있습니다. 그것은 마치 한국음식 몇 그릇 먹고 한국음식을 논하고, 프랑스 요리 몇 가지 먹어보고 프랑스 요리를, 일본 중국 요리 몇 가지 먹어보고 그 나라의 음식을 논하는 것과 같고 더 나아가 그것들을 통합하여 새로운 요리를 창조할 수 있다고 생각하는 것과 같습니다. 그 음식 한 가지를 제대로 하기 위해 평생을 바치는 분들의 눈에 그런 사람들이 어떻게 보일까요? 나치의 총통(總統) 혹은 연합사령관이 모든 것을 접수하듯 통합과 융합이라는 대세론으로 개별 학문의 가치를 무시하고 그 위에 군림하는 것을 통섭(統攝)이라 한다면 그것은 마치 문어발식 확장과 통합을 거듭하는 부정적 이미지의 재벌이나 자본주의와 같이 문명의 진보가 아닌 또 하나의 실패의 전철을 밟게 될 것입니다.

미국 실리콘 밸리의 성공 사례를 보고 우리나라를 비롯한 많은 나라에서 여러 분야의 기업을 모아 산업클러스터로 육성하고자 노력하고 있으나 뚜렷한 성공사례를 보기가 힘듭니다. 어떤 이는 각 분야의 역할을 조정할 수 있는 기관(control tower)의 부재가 실패 원인이라고 합니다. 우리나라에서도 '미래창조과학부'라는 거대 정부의 부처를 만들어 조정에 나설 것이라 합니다. 그러나 아무리 잘 준비된 빨노파 본질적 요소들이라 하더라도 한곳에 모아놓고 융합이라는 패러다임으로 힘으로 물리적, 화학적 결합을 강요하는 것으로는 진정한 통합을 이루기 힘듭니다.

신설되는 미래창조과학부는 어떤 역할을 해야 할까요? 어떻게 하면 각 분야를 통합하여 상승효과를 거둘 수 있을까요? 어떻게 하면 실리콘 밸리를 뛰어넘는 통합과 융합을 통한 창조경제의 모델을 만들 수 있을까요?

원효의 통섭(通攝)

여기 또 다른 통합과 융합의 개념이 있습니다. 휴얼이나 월슨이 말한 Consilience(통섭)의 개념이 분석적, 환원주의적 입장에서 자연과학과 인문학, 사회학, 예술을 이론적, 물리적으로 연결할 수 있는 공통적인 귀납적 명제 즉 사물에 널리 통하는 원리를 발견하여 학문의 큰 줄기를 잡고자 하는 것이라면, 그보다 1000년 이상 앞선 원효 (元曉 AD 617~686)의 핵심사상으로서의 통섭(通攝)은 '형식논리상

양립할 수 없는 것처럼 보이거나 서로 관계가 없는 것처럼 보이는 개념이나 명제가 있을 때 각 명제의 조건적 타당성(一理)을 모아(和會), 포섭적으로 수용한다면(會通) 차이가 불통으로 격리(爭)되지 않고, 만나서 서로를 향해 열리고 상호 작용을 하여(和) 온전함으로 상향되어 간다'는 것입니다. 이것이 바로 서로 다른 명제들을 융화시켜 하나의 원리 속에 포함시킬 수 있도록 하는 원효의 화쟁 논법(십문화쟁론- 十門和諍論)의 열림(通)과 상호포섭(攝), 통섭(通攝)입니다. 원효는 어떤 견해나 이론도 조건적으로 수립된 것으로 파악하는 연기적(緣起的 : 모든 현상은 무수한 원인(因 : hetu)과 조건(緣 : pratyaya)이 상호 관계하여 성립되므로 독립 자존적인 것은 하나도 없고, 조건과 원인이 없으면 결과(果 : phala)도 없다는 것으로 불교적 기본적 사고)사고력, 연기적 통찰력을 수준 높게 계발하여 존재와 세상을 파악하라고 하는 붓다의 가르침에 따라 먼저 견해나 이론계열(門 : 어떤 견해나 현상을 성립하게 하는 조건들의 인과적 연쇄로 구성된 범주나 계열, 맥락, 체계)을 구분한 후, 그 안에서 부분적 타당성(一理)를 포착하여 그것을 통섭적으로 수용하고자 하였습니다. 즉 어떤 계열(분야) 안에서 모순된 두 가지 이론이 있을 때 그 이론의 의미맥락을 조건적으로 파악한다면 그 이론의 유효성은 조건적이고 타당성 또한 조건적으로 제한된다는 것을 알게 되고, 이렇게 포착한 복수의 조건적 타당성을 모아(和會), 포섭적으로 수용하면(會通) 비로소 온전한 의미 지평이 열리게 된다는 것입니다. 차이가 불통으로 격리(爭)되지 않고, 만나서 서로를 향해 열리고 상호 작용을 하여(和) 온전함으로 상향되어 가는 것 이것이 열림(通)과 상호포섭(攝)의 화쟁(和爭)입니다. 부분적 타당성(一理)의 변별과 수용으로 하는 원효의 화쟁원리는 불교이론 이외의 일반 쟁론에 대해서도 현실적이고 보편적인 타당성과 실효성을 지닙니다.(출처 : 원효, 십문화쟁론(十門和諍論) -견해의 배타적 주장을 어떻게 치유할 수 있는가 - 박태원, 울산대 철학과)

통합의 방법으로 휴얼이나 윌슨은 각 학문의 연구를 통해 학문 간에 일치하는 공통적인 명제를 발견하여 큰 줄기를 잡는 〈귀납적 통합Consilience〉을 말하고 있으나 이런 통섭(統攝)으로는 유(有)와 무(無), 보이는 것(色)과 보이지 않는 것(空)과 같은 일치되는 귀납적 명제가 없는 모순된 명제는 통합하기 힘듭니다. 반면, 원효대사의 통섭(通攝)은 공통적인 명제가 없고 서로 상반되는 것처럼 보이는 견해라 하더라도 그 근본은 연기적으로 하나라는 전제 아래 조건에 따른 일리(一理)를 찾아 서로 통(通)섭(攝)하면 하나가 될 수 있다고 말하고 있습니다. 부처님의 설법도 하나요 모든 강물이 바다에서 한맛을 내듯이 상반되게 보이지만 결국은 연기적으로 하나라는 믿음에서 출발하여 모순된 논제들에 대한 화쟁을 시도하고 있습니다. 즉 원효의 통섭(通攝)은 귀납적인 방법에 머물러 있는 윌슨의 통섭(統攝)과 달리 연역적인 방법을 사용하고 있습니다. 이 두 가지 윌슨의 통섭(統攝)과 원효의 통섭(通攝)은 한자 하나가 다를 뿐이지만 무신론과 유신론의 차이와도 같이 너무나 다른 것입니다. 기업과 산업 간의 융합에 있어 이 두 가지 방법론을 비교해 본다면, 윌슨의 귀납적 통섭(統攝)은 각 기업의 장점을 모아 더 큰 하나의 산업을 만들어 가는 것입니다. 합리적인 통합의 방법처럼 보이지만 이 방법의 단점은 뚜렷한 지향점, 방향성을 갖기가 힘들다는 것입니다. 반면에 원효의 통섭(通攝)은 먼저 각 분야별로 공동의 상위 목표를 설정하고(계열, 문) 그 분야에 세부 기술을 가진 기업들이 모여 서로 협력하고 단점을 보완하여 공동의 목표를 이루고자 노력하는 것입니다.

여기 또 다른 통합과 융합의 모델이 있습니다. 바로 우리 인체와 삼원색, 삼태극(The Great Harmony) 모델입니다.

화목(和睦, Reconciliation)으로 이루는 관계적 통합(Relational Integration)

우리 인체는 각각 다른 조직(Tissue)과 장기(Organ)들로 구성되어 있지만 서로 협력하여 한몸(Body)을 이루고 있습니다. 인체는 다양성과 관계성, 통일성으로 구성된 통합모델입니다. 이때 눈, 코, 입, 손과 발처럼 서로 다른 것이 모여 한 몸을 이루는 곳에는 갈등과 다툼이 있을 수 있습니다. 이 갈등을 극복하고 하나 되는 원리는 '화목(Reconciliation 和睦)으로 이루는 하나됨'입니다. 삼원색 창조원리의 두 번째 단계인 각 본질적 요소, 가치들의 통합은 물리적인 통합이나 화학적 융합, 혹은 서로 입증된 공통점을 찾아 통섭(統攝,通攝)을 이루는 것이 아니라 서로 다른, 때로는 서로 모순된 것들이 모여 이루는 〈Reconciliation, 화목 혹은 아우름(Aureum)〉을 통한 관계적 통합(Relational Integration)입니다. 화목(Reconciliation 和睦), '아우름'이란 본질적으로 다른, 혹은 하나였다가 분리된, 때로는 정반대의 것들이 갈등을 극복하고 하나가 되는 것을 의미합니다. '아우름'이란 우리 몸의 각 지체들이 서로 다른 일을 하는 듯이 보이지만 결국은 모여서 한몸을 이루듯이 각 본질적 요소들을 잘 보존하면서 사랑 안에서 조화롭게 화목하게 하나로 만들어가는 것으로, 작은 강줄기가 모여 큰 강을 이루는 것처럼 각 요소들의 본질이 사라지고 흡수 통일되는 '통섭'과는 또 다른 통합 모델입니다. 각각의 입증된 명제, 혹은 장점, 일리를 모아 하나로 만들어가는 무신론적 귀납적(Reductive) 방법으로는 환경보존과 개발, 종교와 과학같이 서로 모순된 명제들을 하나로 통합하기가 힘듭니다.

화목(Reconciliation)을 통한 관계적 통합(Relational Integration)을 위해서는 첫째, 원래 하나라는 연역적(Deductive) 자각(Awareness) 혹은 통찰력(Insight)이 있어야 합니다. 지금은 너무나 다르고 모순된 것처럼 보이지만 본질적으로 하나라는 믿음이 필요합니다. 예를 들면 남북이 통일되기 위해서는 먼저 우리는 하나, 한민족이라는 절대 사실에 대한 자각, 믿음이 있어야 합니다. 어떤 경우에도 '한 조각 심장이라도 남거들랑 부둥켜안고 가야만 하는 겨레'에 대한 각성이 남북화해의 첫 단추가 될 것입니다.

둘째로 화목을 통한 관계적 통합을 위해서는 사랑과 희생(Sacrifice), 배려가 필요합니다. 우리 몸의 각 장기들이 자신을 주장하지 않고 헌신할 때 비로소 우리 몸 전체가 건강하게 되는 것과 같습니다. 산업과 산업, 산업과 문화, 개발과 환경보존, 남한과 북한의 통합을 위해서는 희생이 필요합니다. 남북화해를 위해서는 반드시 서로의 희생이 있어야 한다는 사실을 기억해야 합니다. 그것을 감수하지 않는다면 남북화해는 불가능합니다. 마치 빨노파 세 가지 색깔이 서로 자신의 색깔을 주장하지 않고 내어줄 때 새로운 색깔을 만들 수 있는 것과 같습니다. 성경에는 "화목하기 위해서는 아무 일에든지 다툼이나 허영으로 하지 말고 오직 겸손한 마음으로 각각 자기보다 남을 낫게 여기고 각자 자기의 일을 돌아볼 뿐더러 또한 각각 다른 사람들의 일을 돌아보아 나의 기쁨을 충만케 하라.(빌2 : 3-4) 또 사랑은 여기 있으니 우리가 하나님을 사랑한 것이 아니요 오직 하나님이 우리를 사랑하사 우리 죄를 위하여 화목제로 그 아들을 보내셨음이니라. 사랑하는 자들아 하나님이 이같이 우리를 사랑 하셨으니 즉 우리도 서로 사랑하는 것이 마땅하도다"(요한일서 4 : 10-11)라고 기록되어 있습니다. 서로 다른 본질을 아우르기(화목) 위해서는 사랑과 희생, 배려가 필요합니다.

셋째는 명확한 미래의 목표(Goal), 비전(Vision)을 갖는 것입니다. 남북화해는 남과 북이 함께 도전하고 추구할 미래의 목표가 분명해

질 때 가능할 것입니다. 갯벌을 메워 땅으로 만들어 농사를 짓고, 공장과 도시를 건설하는 것, 강에 보를 막는 것, 산을 깎아 도로를 내는 것 등은 먼저 우리가 무엇을 추구해야 할지를 명확히 한 다음 시행하여야 할 일들입니다. 왜냐하면 얻는 것도 있지만 잃는 것이 너무나 많기 때문입니다. 한 가지 관점으로만 사업을 추진한다면 더 큰 것을 잃는 우를 범할 수 있습니다. 개발의 혜택이 몇몇 대기업에 돌아가는 과거의 개발형태는 즉각 중단되어야 합니다. 늦었지만 지금부터라도 온 국민의 뜻을 모을 수 있는 이론, 지도력이 필요합니다. 유엔이 추구하는 미래의 가치는 지속가능한 발전입니다. 지속가능한 발전(Sustainable Development)이란 환경보존과 개발을 동시에 진행하는 것을 말합니다. 지금이라도 시화호 일대를 지속가능한 개발 지역으로 만들어가야 합니다. 시화호 일대는 환경파괴와 보존, 개발과 환경의 변화를 극명하게 보여주는 산 교육장으로 전 세계의 관심을 끌 수 있는 지역으로 만들 수 있습니다. 국가예산을 그런 지역에 사는 주민들의 불편을 덜어주기 위해 써야 합니다. 무상보육, 무상의료 등 무조건적인 퍼주기식 복지가 국민을 진정 위하는 것이 아닙니다.

성경에서는 인체를 모델로 하여 교회의 통합과 하나 됨에 관하여 설명합니다. 예수님이 교회의 머리가 되고 우리 모두는 각각 동등한 지체가 되어 서로 연락하고 상합(相合)하며 각각의 역할을 감당하여 그 몸을 자라게 하며 사랑 안에서 한몸을 이룬다는 것입니다. 이때 서로 다른 지체가 하나가 되는 방법은 사랑과 겸손과 온유, 오래 참음으로 화목을 이루는 것이라 말하고 있습니다.(골1 : 20 고후5 : 18) 하나님은 예수그리스도의 십자가를 통해 하나님과 사람, 자연의 모든 만물들로 화목하게(Reconcile)하시고 우리에게도 화목케 하는 임무를 맡기셨다고 기록되어 있습니다.

이러한 인체의 통합모델은 각 본질적 요소들 간의 물리적, 화학적 통합이 아닌 화목(Reconciliation)을 통한 관계적 통합, 아우름을 요구하고 있습니다. 원하는 색깔을 만들기 위해서는 더욱 순수한 빨노파가 필요하듯이 개별 학문의 독립성을 유지하면서도 각 학문 간의 화목한 관계성을 정립함으로써 관계적 통합(Relational Integration)을 이룰 수 있습니다.

우리나라의 정치도 과거 동인과 서인, 지금의 보수와 진보로 나뉘어 대결하는 구조에서는 갈등을 피할 수가 없습니다. 또 빨간색 새누리당, 노란색 민주당처럼 각 정당 별로 그들만의 정책과 상징 색을 쓰고 있는데, 각각 자신만의 색깔만 지나치게 고수하면 한 가지 면밖에 보지 못하여 다양한 정책을 수립하기 힘들어집니다. 이젠 우리가 진보(Liberal)와 보수(Conservative)를 뛰어넘는, 세계에 자랑할만한 새로운 패러다임에 입각한 정치형태를 만들어야합니다. 국회에는 여당과 야당이 있어야 하지만 정부에는 여당 야당이 없어야 합니다. 천지인 세 가지의 조화를 나타내는 삼태극(The Great Harmony)처럼 전체 국민을 위한 정부와 대통령은 이제 자신의 색깔, 즉 선거 때 내세웠던 자신의 공약뿐 아니라 다른 의견, 다른 색깔을 받아들여서 다양한 색깔의 정책을 만들어내야 하고, 야당도 자신의 색깔만 고집할 것이 아니라 자신의 색깔을 제공해서 정부가 여러 가지 다른 색깔의 정책을 만들어가도록 도와야합니다. 새로운 색깔을 만들기 위해선 삼원색이 필요하고, 각각의 삼원색이 순수할수록 아름다운 색깔을 만들 수 있듯이, 진보든 보수든 내부적으로 자신의 색깔을 분명히 하면서 외부적으로는 다른 색깔을 가진 사람들과 화목을 이루며 그들의 의견을 받아들여야 국민이 원하는 새롭고 다양한 색깔을 만들 수 있습니다. 삼태극(The Great Harmony)처럼 자신의 정체성을 지키면서도 모두가 추구하는 민족번영의 공동목표를 위해 서로를 존중하며 화목(Reconciliation)함으로써 하나 되는 관계적 통합(Relational Integration), 물론 쉬운 일은 아니나 그것이 바로 지금의 대한민국 병이라 할 수 있는 이념과 지역, 계층, 세대 간 분열과 갈등을 극복하고 세계만방에 좋은 영향을 끼칠 수 있는 지도적 창조국가가 되는 길입니다.

미국의 실리콘밸리는 오늘날 수많은 나라의 벤치마킹 대상이 되고 있습니다. 그러나 지금까지 다른 곳에서는 그만한 성공사례를 찾기가 힘듭니다. 한곳에 여러 공장이 밀집된 실리콘밸리를 본따 일정한 구역에 많은 회사들을 모아 발전적 통합을 실현하려 노력하였지만 실패한 것입니다. 실리콘밸리의 성공은 모험정신과 창의적 아이디어와 기술, 자본이 화목하게 서로를 존중하면서 이루어낸 관계적 결합의 결과입니다. 이것저것을 한곳에 모으는 〈물리적 통합〉이나 자신의 정체성을 포기해야 하는 〈화학적 융합〉으로는 결코 실리콘밸리의 성공을 재현하기 힘듭니다. 그렇다고 실리콘밸리의 시스템을 그대로 옮긴다면 우리나라에서 성공할 수 있을까요?

제 생각은 아니요(No)입니다. 마치 외국의 과일나무를 그대로 우리나라에 옮겨 심는 것과 같습니다. 기후가 다르고 토양이 다른데 나무만 옮겨온다고 살 수 있겠습니까? 우리의 종자에 다른 나라의 종자를 교잡하는 것도 좋은 결과를 얻을 확률이 매우 낮습니다. 즉 아무리 좋은 것이라도 자신의 색깔을 지키지 못하면 정체불명의 키메라가 될 뿐입니다. 그러나 개암나무에 감나무 가지를 접붙이게 되면 잘 자라서 많은 열매(감)를 맺듯이, 우리의 문화 우리의 경제체질에 외국의 좋은 모델을 접붙이게 되면 원래보다 훨씬 개선된 시스템을 만들 수 있습니다. 그러나 접붙임보다 더 발전된 모델이 우리 인체에서 보듯 서로 '화목(Reconciliation)'함으로 이루어가는 '관계적 통합'모델입니다. 마치 각각의 재료가 모여 또 다른 맛을 내는 비빔밥이나, 각각의 장기가 모여 인체를 이루는 것과 같은 원리, 삼원색 창조의 원리입니다.

많은 대기업들이 사회의 지탄을 받고 언론들은 연일 소위 재벌때리기에 나서고 있습니다. 그러나 불법적인 부의 세습과 자본의 집중은 지양해야 하지만 대기업이 가진 장점들은 살려나가야 합니다. 단순히 경제민주화라는 논리로 대기업을 해체해야 한다고 하는 것은 너무나 단편적인 시각입니다. 대기업의 장점은 빨노파를 모아 새로운 색깔을 만들 수 있다는 것입니다. 즉 대기업은 중소기업들이 가진 각각의 기술과 장점을 모아 하나의 완성체를 만들어갈 수 있습니다. 자동차, 비행기, 우주선과 같은 복합체를 완성하기 위해서는 많은 중소 중견기업들의 참여가 필요합니다. 중소기업이 가진 기술을 수단방법 가리지 않고 빼앗아 자기 것으로 만들려고 하는 대기업의 잘못된 행태는 시급히 고쳐나가야 합니다. 일방적인 갑을관계에서 서로를 인정하는 관계적 통합의 단계로 나아가야 합니다. 이제 우리나라의 산업도 성숙기에 접어들고 있습니다. 낮은 품질, 대량생산으로 이득을 얻던 시대는 이제 지나갔으며 그런 산업은 더 이상 경쟁력이 없습니다. 최근 강소기업이라 불리며 한 분야에서 세계적인 경쟁력을 갖춘 기업들이 주목받고 있습니다. 대기업은 이러한 중소기업이 만든 제품으로 창의적인 완성품을 만들어 안정된 판로를 제공해 주고, 중견기업들은 한 분야에서 독보적인 경쟁력을 갖추어 나갈 때 우리나라의 산업은 세계 어느 나라와도 경쟁할 수 있습니다.

실리콘밸리나 테크노파크와 같이 여러 기업이 모여 융합 프로젝트를 할 때도 참여 기업들은 자신의 영역에서 분명한 기술력을 갖기 위해 노력하면서 한편으로 여러 다른 기업들과 어울려 수행하는 공동 프로젝트에 도전하여야 합니다. 또 주식회사(Corporation)나 협동조합(Cooperative) 혹은 공동특허 형태처럼 화목하게 서로를 인정하며 협력하는 것은 장려하고, 다른 회사의 결과물을 무단 도용하는 것처럼 기업 간의 화목을 깨는 부도덕한 행위는 엄벌에 처하여 기업이 함께 노력의 결과를 화목하게 나눌 수 있는 객관적이고 투명한 환경을 먼저 만들어야 성공할 수 있습니다.

우리나라는 1970년대 새마을 운동을 통해 근대화와 산업화에 성공하며 후진국에서 벗어났습니다. 한강의 기적이라 불리는 우리나라의 성공신화를 배우기 위해 지금도 많은 나라에서 관심을 보이고 있습니다. 박근혜 정부도 새마을 운동의 성공신화를 재현하기 위해 제2의 새마을 운동을 준비하고 있습니다. 그런데 처음 새마을 운동을 할 때와 지금은 모든 것이 많이 달라졌습니다. 우리 사회가 너무 많이 변했습니다. 마치 봄에서 여름으로, 여름에서 가을, 겨울로 계절이 바뀐 것처럼 정치, 사회, 경제가 그때와는 확연히 다릅니다. 사람은 늘 동일하지만 계절이 달라지면 입는 옷도 다르고 생활패턴이 달라지듯이, 제2의 새마을 운동도 새마을 운동의 본질을 지키면서 21세기에 맞는 새로운 프로그램을 개발하여 실천해 나갈 때 성공할 수 있습니다.

최근 우리나라에서도 협동조합(Cooperative)이 화제가 되고 있습니다. 협동조합은 세계적 경제위기 가운데서도 가장 경쟁력 있는 사업모델로 인정받으면서 주목을 받고 있습니다. UN에서는 2012년을 '협동조합의 해'로 선포했고 우리나라에서도 관련법규를 개정해 누구나 쉽게 협동조합을 설립할 수 있게 했습니다. 새 정부도 제2의 새마을 운동 일환으로 협동조합 설립을 장려하고 있습니다. 여러 분야가 모여 가치 공유를 추구하는 협동조합은 〈관계적 통합〉의 좋은 모델이라 할 수 있습니다. 빨노파와 같이 서로 다른 요소들이 모여 자신의 색깔을 유지하면서 또 함께 모여 새로운 색깔을 만들기 위해서는 투명성과 상호간의 신뢰, 더 나아가 각 구성요소 상호간의 화목(Reconciliation)이 가장 필요합니다. 각 분야를 존중하면서 서로 화목(Reconciliation)할 때 비로소 수준 높은 융합(Integration), 관계적 통합(Relational Integration)을 이룰 수 있습니다. 이것은 우리나라가 가장 잘 할 수 있는 부분이기도 하지만 또 가장 취약한 부분이기도 합니다. 우리나라 고유의 상부상조의 전통에 서양적 가치인 상호신뢰와 투명성을 더할 때 관계적 통합모델로서 협동조합은 우리나라에서 꽃피울 수 있을 것이며, 다시 한 번 전 세계를 깜짝 놀라게 만들어줄 제2의 새마을 운동, 제2의 한강의 기적을 만들 수 있을 것입니다.

요즘 학교가 무너지고 있다는 비탄의 소리를 많이 듣습니다. 학생들의 인권을 존중한다고 체벌 전면금지를 포함한 인권조례가 시행되면서 교사들이 학생들을 지도하는 것이 힘들어졌고, 교사의 권위가 땅에 떨어지면서 학교의 본질이 흔들리고 있습니다. 이 또한 본질에 대한 성찰이 없이 교육감의 성향에 따라 편협한 시각으로 접근했기 때문에 이러한 문제들이 일어난 것입니다. 지금부터라도 학교와 교육의 본질적 가치에 대한 성찰과 함께 학생, 교사, 학부모 모두가 다 화목할 수 있는 방법을 찾아야 합니다.

사실 서양문명에서는 지식의 통합이 새로운 것일지 모르나, 우주의 운행원리에 대한 깊은 성찰을 가진 동양문명에서는 새로울 것이 없고, 그 중에서도 중국의 이분법적 음양태극이 아닌 우리나라의 천지인 삼태극(The Great Harmony) 사상은 우주의 본질에 대한 우리 민족의 궁극적인 통찰의 결과물입니다. 서양의 정반합 이론은 갈등과 투쟁의 역사관이며, 중국의 음양태극 사상 역시 서로 다른 두 세계가 균형을 이루고는 있지만 그 속에는 상생과 상극을 통한 긴장이 내재해 있습니다. 그러나 우리 고유의 삼태극(The Great Harmony)은 갈등이나 투쟁, 긴장이나 견제, 균형보다는 서로 다른 본질적 요소 상호간의 화목(Reconciliation)과 역동적 조화(Harmony)를 나타낸 관계적 통합 모델입니다. 이에 저자는 삼원색창조론의 2번째 단계인 화목(Reconciliation)을 통한 관계적 통합을 우리의 삼태극(The Great Harmony)으로 표현하였습니다.

삼태극(The Great Harmony)

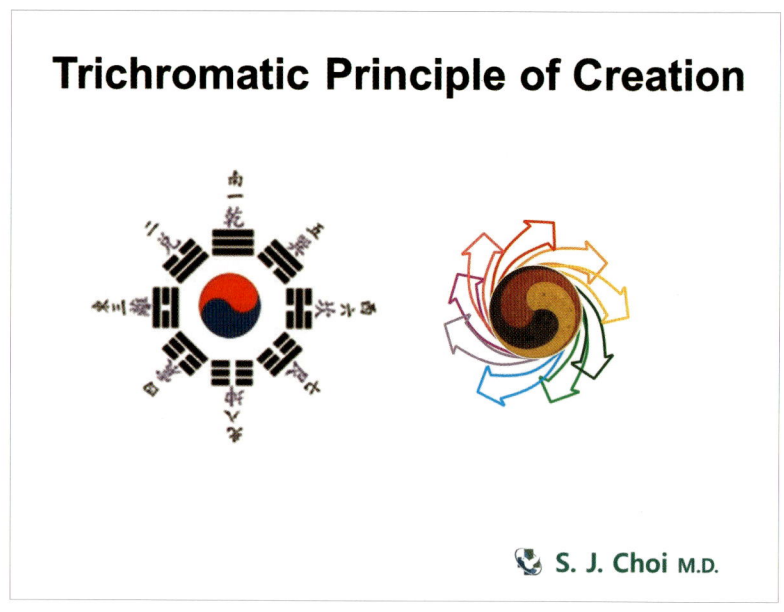

태극의 유래와 그 의미에 관하여 논하자면 관점에 따라 수많은 논란이 있을 것이나, 이 태극사상은 우주의 근원과 천지의 운행원리에 대한 동양적 통찰(Insight, 洞察)에서 유래한 것입니다. 『한서(漢書)』「율력지(律曆志)」에 태극원기 함삼위일(太極元氣 含三爲一 : 태극의 원기는 셋을 함유하고 있으면서 하나가 된다)는 기록으로 볼

때 중국에도 고대로부터 우리민족 고유의 삼태극(The Great Harmony) 사상이 전해졌음을 알 수 있습니다. 그러다가 송(宋)나라 시대에 이르러 성리학(性理學)이 일어나기 시작하면서 천지인 삼재(三才)를 기반으로 하는 삼태극(The Great Harmony) 사상은 음과 양의 이분법 논리로 전개되는 음양태극 사상으로 나타납니다. 음양태극과 8괘, 64괘로 보는 세계는 모든 우주의 운행이 이미 정해진 원리를 따르는 것으로 보는 무신론적 세계관이며, 삼태극(The Great Harmony)은 하늘과 땅과 사람의 조화로 세상 만물을 이해하는 유신론적 세계관을 나타내고 있습니다. 우리나라에서는 영적인 세계관이 있는 불교를 중시하였던 고려시대까지 삼태극(The Great Harmony)이 사용되었으나, 현실세계만을 인정하며 아래 단계에서 사단(四端)을 넓히고 채우는 노력을 통해 위 단계의 높은 경지에 도달하는 것을 최고의 가치로 여겼던 유교중심의 조선시대에는 음양태극이 주로 사용되었습니다.(출처 : 국립문화재연구소 발행 문화재 제45권 제1호 '삼태극(The Great Harmony)의 의미 고찰', 김명희 한국교원대학교 윤리교육과)

고대로부터 전승되어 우리 한민족 사상의 뿌리를 이루고 있는 천부경(天符經)에는 천지인(天地人) 삼재(三才)가 서로 구별되면서도 상응하며, 하나(一)가 커져 만(萬)이 되고 만(萬)이 다시 하나(一)가 되는 원리가 나옵니다. 우리 조상님들은 하늘(天) 과 땅(地) 그리고 사람(人)이 세상의 근원이며 이 셋이 갈등이나 긴장 없이 조화를 이루고 있는 것이 이 세상의 근본이라고 생각하였던 것입니다. 이 단순한 삼태극(The Great Harmony) 문양에 우주의 원리를 담아낸 것은 참으로 놀랍지 않습니까? 이처럼 여럿이 모여 하나가 되고, 그 하나가 다시 여럿이 되고, 또 다시 하나가 되면서 궁극적으로 하나가 됩니다. 그것이 바로 하나님이 창조하신 천지인이며, 하늘과 땅, 사람이 모두 화목(Reconciliation)한 상태, 관계적 통합(Relational Integration)을 나타내는 삼태극(The Great Harmony)입니다. 삼라만상의 근원을 천지인으로 보고 그것을 삼태극(The Great Harmony)으로 표현했으며, 그 삼태극(The Great Harmony)에 모든 색의 근본이 되는 빨노파 세 가지 색깔을 쓴 것은 우리 민족의 놀라운 통찰이 아닐 수 없습니다.

많은 사람들이 창조적 미래를 위해서는 통섭, 융합, 복합, 통합이 필요하다고 말하고 있습니다. 그러나 창조는 물리적 통합이나 화학적 융합만으로 되지 않습니다. 3이 1이 되고 1이 다시 3이 되는 삼태극(The Great Harmony)의 원리를 알아야 합니다. 그 삼태극(The Great Harmony)의 원리가 〈삼원색 창조원리〉에 들어있습니다.

새 정부도 융합발전을 위해 정부 부처를 개편하고 있습니다. 그러나 부처 간의 물리적인 칸막이를 없애고 단순히 함께 합치거나 모은다고 해서 새로운 창조가 만들어지지 않습니다. 만약 본질에 대한 깊은 통찰이 없이 그냥 각 분야를 모아 하나의 새로운 것을 만들려 한다면 아무 색깔이나 모아서 그냥 섞어보는 것과 같아서 근본적으로 원하는 색깔을 만들기가 힘들 것입니다. 본질적 요소와 가치가 무엇이며 그것을 어떻게 융합할 것인지에 대한 심오한 통찰이 있어야 합니다. 단순히 비슷한 것을 모은다고 하나가 되고 새로운 그 무엇이 될 수는 없습니다. 각각의 삼원색이 더욱 순수한 원색이 되어야 하고, 원하는 색깔을 내기 위해서는 섞는 물감의 양을 조절해야 하듯이 자신의 분야에서 최고가 될 뿐 아니라 서로를 자신보다 낮게 여기며 희생하고 배려하여(Reconciliation) 하나가 되기 위해 노력해야 합니다. 그 다음 열정과 믿음을 가지고 도전(Challenge)하여야 꿈을 이룰 수 있으며 새로운 창조를 할 수 있습니다.

저는 이 삼태극(The Great Harmony)에 담긴 우리 민족의 고대사상을 〈삼원색 창조원리〉로 되살려 남과 북, 동과 서, 계층 간 세대 간의 갈등과 분열의 상처를 치유하고, 산업과 산업, 산업과 문화, 인문학과 공학이 서로의 다른 점을 물리적 통합이나 화학적 융합이 아닌 화목(Reconciliation, 아우름)을 통한 〈관계적 통합(Relational Integration)〉으로 극복하여 우리나라가 21세기 창조 국가로서 홍익인간 이화세계를 실현하여 세계 중심 국가로 도약하는데 필요한 사상적 원리로 승화시켜 나가고자 합니다.

〈삼원색 창조원리〉의 2단계는 통섭(統攝, 通攝)에서 진일보한 〈화목(和睦 Reconciliation), 아우름의 관계적 통합(Relational Integration)을 통하여 1단계에서 파악한(identfy) 본질적 가치들을 이룰 수 있는 방법을 찾는 것, 즉 비전(Vision)을 설정하는 것입니다. 관계적 통합은 학문과 산업이 교차점에서 만난다거나, 뿌리와 가지가 줄기에서 만난다거나, 두 산업의 경계면에서 이루어지는 부분적 제한적 융합과는 차원이 다른 것입니다. 마치 재료 각각의 맛을 유지하면서 하나 되어 새로운 맛을 만들어내는 비빔밥, 혹은 서로 다른 각각의 장기가 자기 역할을 수행함으로써 우리 인체가 건강하게 유지되는 것, 또 천지인 세 가지가 모여 역동적 소용돌이를 이루며 하나되는 삼태극(The Great Harmony)과 같은 원리입니다.

이것이 바로 삼원색창조이론의 2단계인 화목(Reconciliation), 아우름(Aureum)을 통한 관계적, 역동적 통합입니다.

3단계) 도전(Challenge)하라

삼원색 창조원리의 마지막 세 번째 단계는 Challenge, 도전입니다. 본질을 파악하고 그것을 통합할 수 있는 방법과 이론을 찾았으면 다음은 그것을 구현하기 위해 도전해야 합니다. 속담에 '천 리 길도 한걸음부터', '첫 술에 배부르랴', '시작이 반이다'라는 말이 있습니다. 성경에는 '문을 두드리라 그러면 열릴 것이라(마7 : 7), 행함이 없는 믿음은 죽은 믿음'이라고 기록되어 있습니다. 모두 다 도전과 실천을 강조한 말입니다. 도전하는 데 가장 중요한 것은 믿음과 열정, 상상력입니다. 어려움 가운데서도 포기하지 않고 문이 열릴 때까지 두드리게 해주는 힘은 바로 믿음과 열정에서 나옵니다. 믿음은 바라는 것들의 실상이요 보지 못하는 것들의 증거이니……(히11 : 1) 너희가 만일 믿음이 한 겨자씨만큼만 있으며 이 산을 명하여 여기서 저기로 옮기라 하여도 옮길 것이요 또 너희가 못할 것이 없으리라.(마17 : 14-21), 할 수 있거든 이 무슨 말이냐, 믿는 자에게는 능치 못함이 없느니라(막9 : 23)

믿음에서 나오는 영적인 상상력을 가지고 도전하면 산을 옮기는 것처럼 어떤 불가능해 보이는 일도 해낼 수 있습니다. 열정은 우리가 한 분야에서 포기하지 않고 오래도록 도전할 수 있는 힘을 줍니다. 실패를 거울삼아 포기하지 않고 다시 한 번 도전하는 사람만이 성취할 수 있습니다.

우리 교육현장에서도 사물의 본질적 가치를 구별할 수 있는 통찰력과 함께 불가능해 보이는 일에 도전할 수 있는 용기, 어떤 어려움에도 포기하지 않는 끈기를 가르쳐야 합니다. 그것은 책상에 앉아서, 학원에서 배울 수 있는 것이 아닙니다. 공부하는 목적이, 좋은 대학에 가서 남들보다 좋은 차 타고 잘 먹고 잘 사는 것이 된다거나, 아이들이 불가능에 도전하지 않고 쉽고 편한 일만 찾는다면 우리에게 창조적 미래는 없습니다.

5. 삼원색 창조원리와 유교, 불교, 기독교

　삼원색 창조원리에 비추어 생각해 보면 성리학은, 사서삼경 등에 기록된 성현의 가르침을 공부하면서 천지 만물의 본질을 파악하고(1단계), 그것들을 하나로 모아 자신의 사상이 만들어지면(2단계), 과거에 응시하여 자신의 이상을 현실에 적용(3단계)하고자 하였습니다.

　불교는 우주 만물의 근원을 파악하고(1단계) 그것은 연기적으로 통찰하여(2단계) 그 원리를 삶에 적용(3단계)하고자 하였습니다. 동해와 서해가 다르지만 강줄기를 찾아 거슬러올라가면 백두산 천지에서 만나 동해와 서해가 본질적으로 하나임을 알게 된다는 것이 연기적 통찰입니다. 잡념을 떨치고 장좌불와, 용맹정진으로 수행하여 만물의 근원을 파악(1단계)하고 그것을 보는 통찰적 안목(2단계)을 갖게 되면 비로소 그것을 현실에서 구현(3단계)하며 중생들에게 불법을 설파하게 됩니다.

　기독교는 예수 그리스도의 십자가 죽음을 통해 1) 2)단계를 뛰어넘는 것입니다. 과거의 모든 것은 십자가에 묻고, 새로운 피조물이 되는 것입니다.(보라 이전 것은 지나갔으니 새 것이 되었도다 고후 5 : 17) 믿음은 바라는 것들의 실상이요 보지 못하는 것들의 증거이니(히 11 : 1) 우리가 할 일은 옛 사람은 벗어버리고 새로운 존재가 되어 영적인 상상력으로 무한한 가능성을 꿈꾸고, 더 나아가 믿음으로 그 꿈을 선취(先取, 이미 이루어진 줄 믿고 감사하는 것)하는 것입니다. 기독교의 구원은 종말론적 완성(完成)의 현재적 선취(先取)입니다. 성리학과 불교는 삼원색 창조원리의 1단계와 2단계를 거쳐 3단계로 나아가고자 하는 것이라면 기독교는 1, 2단계는 하나님의 은혜로, 십자가의 희생으로 건너뛰고 바로 3단계의 삶을 사는 것입니다. 기독교는 구습을 좇는 옛사람을 벗어버리고 믿음으로 현재를 극복하고 영적인 상상력으로 장차 예비된 면류관에 도전하는 미래의 종교입니다. 현재에서 미래의 꿈이 이루어질 줄 믿고 먼저 감사하는 것이 바로 크리스천의 모습입니다.

6. 구하라, 찾으라, 두드리라

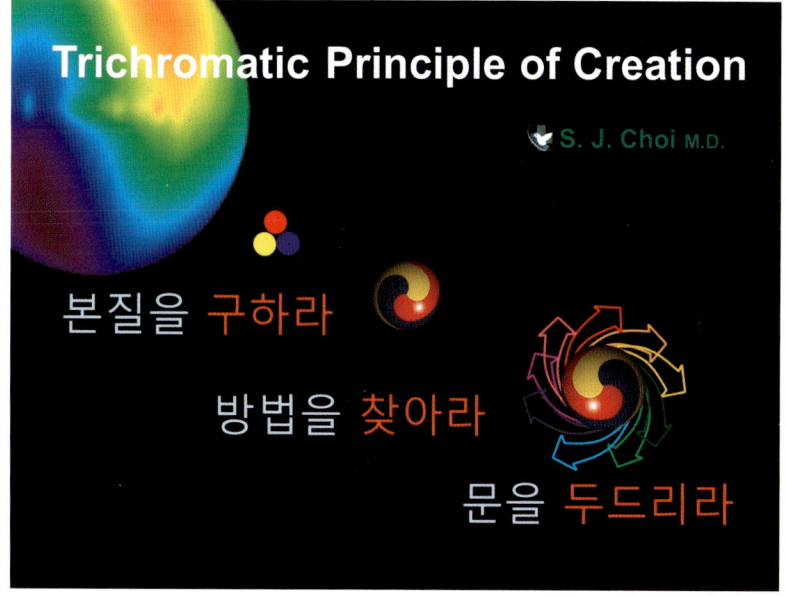

 '구하라 그러면 너희에게 주실 것이요, 찾으라 그러면 찾을 것이요, 문을 두드리라 그러면 너희에게 열릴 것이니 구하는 이마다 얻을 것이요, 찾는 이가 찾을 것이요, 두드리는 이에게 열릴 것이니라.(마태복음 7장 : 7절-8절)
 꿈을 이루기를 원하고, 창조적 삶을 원하는 우리에게 더 이상 무슨 말이 필요할까요. 삼원색 창조원리와 함께 이 성경구절을 생각해

봅시다.

'구하라 주실 것이요'

무엇을 구해야 할까요? 아무 색깔이나 구할 것이 아니라 모든 색깔의 근원이 되는 빨노파(빨녹파) 삼원색을 구해야겠습니다. 즉 본질적인 믿음과 가치를 구할 수 있는 통찰력을 가져야 합니다. 성경에는 '목숨을 위하여 무엇을 먹을까 무엇을 마실까 몸을 위하여 무엇을 입을까 염려하지 말라. 공중의 새를 보라. 들의 백합화를 보라. 하늘 아버지께서는 이 모든 것이 너희에게 있어야 할 줄 알고 계신다. 그러므로 먼저 그의 나라와 그의 의를 구하라. 그리하면 이 모든 것을 너희에게 더하시리라(마6 : 33)'고 기록되어 있습니다. 또 '너희는 이 세대를 본받지 말고 오직 마음을 새롭게 함으로 변화를 받아 하나님의 선하시고 기뻐하시고 온전하신 뜻이 무엇인지 분별하도록 하라(롬12 : 2)'고 기록되어 있습니다. 즉 외적발현이 의식주를 구할 것이 아니라 내가 평생 동안 추구해야할 가치, 나를 향한 하늘의 뜻이 무엇인지 알기를 구해야 합니다. 이와 마찬가지로 각 관심분야에서 창조를 원한다면 먼저 그 분야의 본질적 요소, 본질적 가치를 구해야 합니다. 삼원색 창조론 1단계는 〈통찰력을 갖고 본질을 구하라〉입니다.

다음으로 '찾으라 그러면 찾을 것이요'라고 말합니다.

무엇을 찾아야 할까요? 서로 다른 본질적 요소들을 한데 모아 하나로 만들 수 있는 방법, 본질에 도달할 수 있는 길, 목표 비전(Vision)을 찾아야 합니다. 서로 다른 것을 하나로 만들려고 하면 갈등과 다툼이 있을 수 있습니다. 일방적인 통합이 아닌 화목을 통한 관계적 통합을 위해서는 사랑으로 서로 용납하는 것이 필요합니다. 예를 들면 육체적 건강의 본질적 요소는 음식과 운동, 스트레스 해소입니다. 그렇다면 어떻게 하면 이 세 가지를 화목하게 관계적으로 통합할 것인지 그 방법을 찾아야 합니다. 하나가 된다는 것이 각각의 본질이 훼손되는 것을 의미하지 않습니다. 삼원색 창조론의 2단계는 〈하나로 화목할 수 있는 방법을 찾으라〉입니다. 즉 본질적 믿음과 가치를 실현하기 위한 비전(Vision), 꿈을 찾는 것입니다.

다음은 '문을 두드리라 그러면 너희에게 열릴 것이니……'라고 하셨습니다.

방법, 비전을 찾았으면 그것을 실행에 옮겨야 합니다. 이루어질 때까지 열정을 갖고 도전(Challenge)하는 것이 필요합니다. 모든 것이 잘 안 풀릴 때 주시는 말씀, '너희 중에 누가 아들이 떡을 달라 하면 돌을 주며 생선을 달라하면 뱀을 줄 사람이 있겠느냐. 너희가 악한 자라도 좋은 것으로 자식에게 줄 줄 알거든 하물며 하늘에 계신 너희 아버지께서 구하는 자에게 좋은 것으로 주시지 않겠느냐. (마7 : 9-11) '할 수 있거든'이 무슨 말이냐, 믿는 자에게는 능치 못함이 없느니라.(막9 : 23)' 하셨습니다. 삼원색 창조원리의 3단계는 〈믿음과 열정을 갖고 문을 두드리라〉입니다.

7. 내적 성찰(理)과 외적 구현(氣)

〈삼원색 창조원리〉의 세 가지 단계는 'Identify, Reconcile and Challenge'입니다. 나만의 색깔을 창조하기 위해서는 수많은 색깔 가운데서 빨노파를 알아야 하듯이 어떤 한 분야에서 가장 본질적인 요소, 본질적인 가치들을 찾는 것이 첫째요, 둘째는 그것을 사랑으로 화목하게 잘 통합(아우름)해야 하고, 마지막으로 그것을 실제로 구현하기 위해 도전하여야 한다는 것입니다.

이러한 3단계의 〈삼원색 창조원리〉를 더 요약한다면 '내(향)적 성찰(이)과 외(향)적 구현(기)'이라고 말할 수 있습니다. 1단계 본질을 구하는 것과 2단계 그것을 화목하게 아우를 수 있는 방법(비전)을 찾는 것은 '내적 성찰(理)'이요, 3단계 그것을 이루기 위해 도전하는 것은 '외적 구현(氣)'입니다. 이기론에 비추어 본다면, 이이의 주기론적 이기일원론적 사고는 이(理)는 행함, 즉 기의 발현으로써 그 자체가 완성이 되므로 이론이 완벽해지기 전부터 외적 발현을 동시에 추구하는 것(氣發理乘), 믿음(이)과 행함(기)을 동시에 추구하는 것이며, 완전한 이론(이)이 정립되기 전에는 그 발현되는 행동(기) 또한 불완전하다고 보고 이론이 완벽해진 다음 외적발현을 추구하는 것(理發氣隨), 믿음(이)이 온전해진 다음 행함(기)에 옮기는 것이 이황의 주리론적 이기이원론적 사고입니다. 동인(주리론자)과 서인(주기론자), 진보와 보수 둘 다 소중한 가치입니다. 이젠 이러한 해묵은 논쟁에서 벗어나야 합니다. 내적 성찰(이)은 외적 발현(기)을 통해 완성되며, 올바른 외적 발현(기)을 위해서는 내적 성찰(이)이 필요합니다. 행함이 없는 믿음은 죽은 믿음이라 하였습니다. 〈삼원색 창조원리〉는 이러한 갈등을 극복하고 내적 성찰과 외적 발현을 위한 통찰적인 창조의 원리입니다.

요즘 한 미디어기관에서 초등학생들에게 꿈이 뭐냐고 물었더니 3명 중 1명꼴로 부자가 되고 싶다고 했답니다. 꿈이란 직업이고, 그 직업의 가치는 돈을 얼마나 잘 버는가로 판단하는 것 같습니다. 너는 커서 뭐가 되고 싶어? 라고 묻는 것은 주기론적, 자연과학적으로 묻는 것이고, 너는 나중에 어떤 사람이 되고 싶어? 라고 묻는 것은 주리론적, 인문학적으로 묻는 것입니다. 우리가 어떤 사람이 될까, 어떤 가치를 위해 살까, 고민하는 것은 내적 성찰(이)이요, 그것을 이루기 위해 어떤 직업을 가질까, 뭘 할까, 고민하는 것이 외적구현(기)입니다. 우리 자녀들에게 먼저 어떤 사람이 될지 바른 가치관을 갖게 하는 것이 필요한데 소위 말하는 좋은 직장을 얻기 위한 대학진학, 직업선택에 필요한 공부만 시키는 것이 우리 교육의 가장 큰 문제입니다. 흔히 우리는 '00가 되기 전에 먼저 인간이 되어라'고 말합니다. 그 말은 곧 우리 인생의 목적(Purpose)이 내 일생을 통해 어떤 가치(Value)와 믿음(Belief)을 추구할 것인가? 하는 것이 되어야 한다는 말입니다. 목적(Purpose)을 이루기 위한 목표(Vision)가 정해지면 그 목표를 이루기 위한 구체적인 수단으로 직업(Job)도 선택하고 살아가는 방법도 결정하게 되는 것입니다. 우리가 꿈(Dream)이라 할 때는 이 모든 과정을 말하는 것이지 단지 직업만을 말하는 것은 옳지 않습니다.

저는 요즘 아이들이나 젊은이들에게 어떤 사람이 되고 싶어요? 주는 사람이 되고 싶어요? 받는 사람이 되고 싶어요? 라고 묻습니다. 많이 어린 아이들은 "받는 사람요!" 좀 큰 어린이들은 "주기도 하고 받는 사람요!" 혹은 "받는 사람보다는 주는 사람이 되고 싶어요"라고 대답합니다. 그럼 저는 "주는 사람이 좋지. 줄 게 있으니까. 가진 사람이 줄 수 있잖아. 줄 수 있는 것이 있는 사람이 되어야 받을 수도 있고 가질 수도 있는 거야." 그렇게 얘기해줍니다.

산업화 시대에는 많이 가진 사람이 부자였고, 많은 것을 줄 수 있었습니다. 그래서 남들보다 많이 가지려고 노력도 하고, 아침부터 부지런히 더 많은 일을 해야 부자가 될 수 있었습니다. 같은 나무에서 많은 과일을 맺는 것이 최고의 가치였지요. 그러나 21세기 창조의 시대에는 많은 맺는 것이 중요한 것이 아니라 나만의 열매를 맺는 것이 가장 중요합니다. 세상에는 많은 과일이 있지만 한 사람만이 딸기를 갖고 있다고 생각해 보십시오. 그럼 딸기 주고 바나나 받고, 딸기 주고 사과 받고, 포도랑 바꾸고…… 얼마나 좋겠습니까? 그래서 저는 세상에 하나밖에 없는 너만의 열매를 맺으라고 얘기합니다. 창조적인 삶은 그런 것입니다.

농심 신춘호 회장의 회고록 제목이 〈철학을 가진 쟁이는 행복하다〉입니다. 내적 통찰을 통해 철학을 갖고 그 철학을 구현할 수 있는 쟁이로서의 삶은 행복하다는 것입니다. 최근 인문학과 자연과학의 융합이 화두가 되면서 자연과학전공의 CEO들을 대상으로 인문학 강좌를 하는 것이 하나의 유행이 되고 있습니다. 그러나 인문학 강의를 듣고, 시 한 편 외운다고 해서 인문학적 소양이 길러지는 것이 아닙니다. 인문학은 내적 성찰의 학문입니다. 나는 무엇을 위해 사는가? 내 삶에서 가장 중요한 것은 무엇인가? 우리 기업은 무엇을 위해 존재하는가? 우리는 고객들에게 어떤 영향을 줄 수 있는가와 같은 질문에 답을 찾는 것이 인문학입니다. 자연과학은 그것을 실제로 구현하기 위한 학문이라고 할 수 있습니다.

회광반조(回光返照)란 말이 있습니다. 원래는 죽기 전에 잠깐 맑은 정신이 돌아와 자신이 살아온 삶을 돌아본다는 뜻인데 불교에서는 내 밖을 비추던 불빛을 내 안으로 돌려 스스로를 살핀다, 생각이 일어날 때 그 일어나는 곳을 돌이켜 살펴보는 것을 말합니다. 저는 이것을 '사물이나 현상을 볼 때 먼저 내적 통찰을 통해 그 내면에 있는 본질을 바라보라'라고 말하고 싶습니다. 외형은 얼마든지 변할 수 있지만 그 본질은 변하지 않습니다. 마치 봄여름가을겨울 옷을 갈아입는 자연의 이치와도 같습니다. 내면의 본질을 알게 되면 새로운 외적 형상의 창조가 가능해집니다. 뜻이 있는 곳에 길이 있으며, 믿음이 있는 곳에 행함이 있고, 생각이 있는 곳에 행동이 있고, 진리가 있으면 자유함이 있고, 먼저 하나님의 나라와 그의 의를 구하면 하나님께서 이 모든 것을 주신다고 했으며, 머리가 있으면 몸이 있고, 원인이 있으면 결과가 있고, 마음이 있어야 생각이 있으며 인문학이 있고 자연과학이 있습니다. 음악에는 화성과 멜로디, 리듬이 있고 여기에서 모든 음악의 장르와 곡들이 나옵니다. 뉴턴이 발견한 자연의 물리법칙을 이용해서 자동차나 비행기를 만듭니다. 스티브잡스는 내적통찰을 위해서는 Stay hungry 외적구현을 위해서는 Stay foolish 하라고 말합니다. 내적 통찰은 보이지 않는 이(理)의 세계요, 외적 구현은 눈에 보이는 기(氣)의 세계입니다. '색불이공공불이색(色不異空空不異色) 색즉시공공즉시색(色即是空空即是色)'인 것이지요. 이와 기는 둘이지만 하나이며, 함께 움직입니다.

또 〈삼원색 창조원리〉를 달리 설명한다면 원래 존재하고 있는 혼돈과 불확실한 상태는 과거의 문제입니다. 수많은 시행착오를 거쳐 불완전한 이(理)와 불안정한 기(氣)의 상태를 극복해야 하는데 이것은 소용돌이 문양의 삼태극(The Great Harmony)으로 표현되는 현재의 문제입니다.

동양의 음양태극과 음양오행 사상은 균형과 서로 돕는 조화로 볼 수도 있지만 서로 견제하는 갈등의 관계로 볼 수도 있습니다.

현실에서 완벽한 음양오행의 조화가 있을 수 있을까요? 어쩌면 양태극으로 표현된 완벽한 음양의 조화는 이상이요 미래의 꿈일 뿐일지 모릅니다.

그렇다면 우리나라의 고유사상인 삼태극(The Great Harmony)의 세계관은 어떤가요? 본질인 빨노파가 역동적으로 하나되는 형상의 삼태극(The Great Harmony)은 완벽한 상태로 가기 위한 과정으로 볼 수 있습니다. 즉 불안정하지만 사물의 본질을 알고 그것을 하나로 통합(화목)시키려 노력하는 현재의 역동적인 상태를 나타냅니다. 언젠가 그 조화와 균형을 자유롭게 이루게 된다면 미래의 어느 날 진리 안에서 모든 것이 자유로운 상태가 될 것입니다.

만약 명분이나 이론적 가치관이 없이 지나치게 현재의 외적구현(氣)에만 집착하게 되면 신의도 없고 눈앞의 이익만을 좇아가는 사람이 될 것이고, 지나치게 이상적인 가치에 집착하여 내적 성찰(理)에 머물게 되면 현실에서 아무것도 할 수 없는 몽상가가 될 것입니다. 그렇다면 퇴계의 주리론적인 이기이원론은 양태극에 가까운 미래적인 이상적 개념이라 할 수 있고 이이의 주기론적 이기일원론은 삼태극(The Great Harmony)에 가까운 보다 현재적이며 현실적인 개념이라 할 수 있습니다.

이것은 또한 믿음과 행함의 문제입니다. 가장 이상적인 믿음(理)과 행함(氣)이란 미래의 꿈이요 이상입니다. 그런데 믿음도 행함도 처음부터 완벽할 수는 없습니다. 그러므로 그 길을 향해 한 걸음씩 나아가는 것이 우리의 삶이 되어야 하겠습니다. 성경에 아브라함이 어디로 가야할지를 모르고도 하나님의 약속을 믿고 고향을 떠난 것처럼, 예수님의 말씀에 순종하여 어딘지 모르지만 깊은 곳으로 가 그물을 내린 베드로처럼 비록 내적 성찰이 완벽하지 못하더라도 외적 구현을 위한 행동을 할 때 새로운 미래는 열립니다. 행함이 없는 믿음은 죽은 믿음이라 하였습니다. 진정한 믿음이 있는 곳엔 행함이 있습니다. 그러므로 믿음이란 명사가 아닌 동사입니다. 진정한 믿음은 미래의 개념이 아닌 행함을 통해 나타나는 현재인 것입니다.

8. 삼원색 마인드 맵 / 삼원색 인재

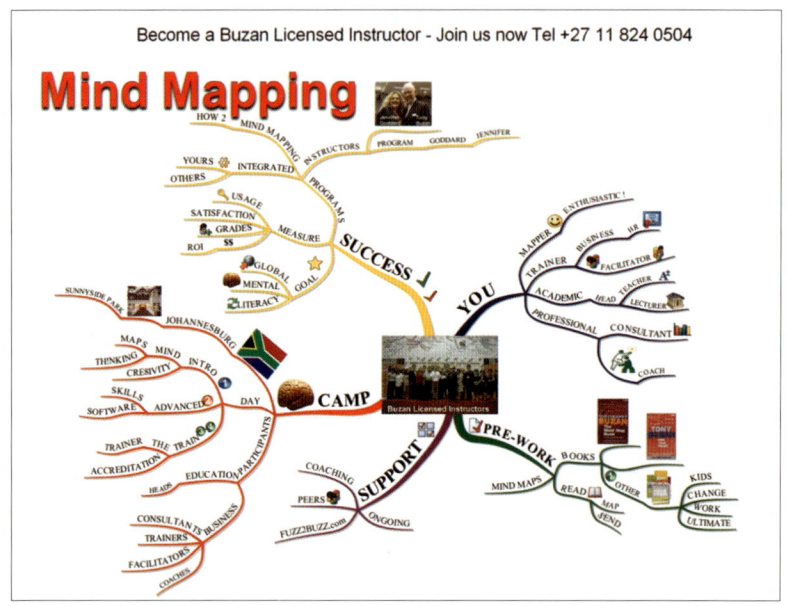

이러한 〈3원색 창조이론〉을 마인드맵에 적용해 보겠습니다. 고전적 마인드맵은 중심주제를 두고, 키워드를 정한 후 가지(Branch)를 만들어갑니다. 이러한 고전적인 마인드맵 방식의 단점은 각 키워드, branch 상호간의 조정이나 통합을 통한 새로운 개념을 만들기가 어렵다는 데 있습니다. 오스본 윌슨은 '서구적인 관점에서 학문의 커다란 가지들을 통합하고 문화전쟁을 종식시키는 것은 과학문화와 인문학간의 경계를 국경으로 보지 않고 양쪽의 협동작업을 애타게 기다리고 있는 미개척지로 보는 방법뿐이다' 라고 하며 이들 키워드 상호간의 통합을 강조하였습니다.

〈Two Way 마인드맵〉은 〈삼원색 창조원리〉에 입각하여 본질을 파악하는 〈내적 성찰〉과 그것을 실현할 수 있는 방법을 찾는 〈외적 구현〉을 함께 나타낸 통합적 마인드맵 (Integrative Mind Map) 모델입니다.

〈삼원색 마인드맵(Trichromatic Mind Mapping)〉은 〈삼원색 창조원리〉에 입각한 〈통합적 마인드맵 (Integrative Mind Map)〉모델입니다.

〈삼원색 마인드맵〉은 내적 성찰과 외적 구현이라 할 수 있는데 본질적 요소와 가치(Values)를 파악(Identify)하고, 그것을 화목(Reconciliation)하게 아우르는 것은 내적 성찰이요, 그것을 이루기 위해 도전(Challenge)하는 것은 외적 구현입니다. 내적 성찰은 보이지 않는 공(空)과 이(理)의 세계요, 외적 구현은 눈에 보이는 색(色)과 기(氣)의 세계입니다. 내적 성찰(What, Why)을 통해 삶의 목적(Purpose)과 사명(Mission)을 발견하게 되면 그 목적을 실현하기 위한 구체적인(Who, When, Where, How) 비전(Vision)과 현실적인 꿈(Dream), 목표(Goal)를 갖게 됩니다. 내적 성찰을 위해 필요한 것은 철학(Philosophy)과 인문학(Liberal Art)이며, 외적구현에 필요한 것은 자연과학(Science)과 공학(Technology)입니다. 뜻이 있는 곳에 길이 있으며, 믿음이 있는 곳에 행함이 있고, 진리가 있으면 자유를 누릴 수 있습니다. 성경에는 먼저 그의 나라와 의를 구하면 이 모든 것을 너희에게 더하시리라고 기록되어 있습니다. 스티브잡스는 항상 갈구하고(Stay Hungry) 우직하게 도전하라(Stay Foolish)라고 했습니다.

〈삼원색 마인드맵〉은 문제의 해결에 있어 문과적인 내적성찰과 이과적인 외적구현을 동시에 추구하는 통합적인 마인드맵 모델입니다. 그런데 이러한 내적성찰과 외적구현은 처음부터 완벽할 수는 없습니다. 〈삼원색 마인드맵〉 모델로 설명하자면 처음부터 순수한 빨노(녹)파를 가질 수는 없으며, 처음부터 원하는 색깔을 마음대로 얻을 수도 없습니다. 도전은 하지 않고 내적성찰과 이론에만 머물러 있거나, 내적성찰이 없이 마음이 급하여 행동부터 하고 보는 것 또한 효과적인 창조의 방법이 되지 못합니다. 내적성찰과 외적구현을 동시에 추구하는 것, 즉 순수한 빨노파를 갖기 위해 노력하는 것, 삶의 목적과 가치관, 믿음, 사명에 대한 확신을 키워가면서 한편으로는 끊임없이 도전하면서 문을 열기위해 두드리고 시도할 때만이 창조적인 결과를 얻을 수 있습니다.

최근 많은 사람들이, 미래에는 자신의 분야에서 깊이 있는 전문가(Specialist)가 될 뿐 아니라 다른 분야도 폭넓게 이해하는 지식과 기술을 가진 〈T자형 인재〉가 국가와 사회를 이끌어갈 것이라고 합니다. 저는 미래의 인재상으로 〈삼원색 인재〉를 말하고자 합니다. 내적성찰을 통해 본질적 가치를 발견하고, 서로 다른 가치관을 열린 마음으로 받아들이며, 또 서로 상반된 가치들도 화목(Reconciliation)하게 통합할 수 있는 열린 마음과 통찰력(Insight)을 갖고 있으며, 그것을 현실 속에서 구현하기 위해 포기하지 않고 끝까지 도전(Challenge)하는 사람, 그런 사람이 바로 창조적 사회에 필요한 〈삼원색 인재〉입니다. 삼원색 인재는 서로 다른 가치를 화목하게 하나로 통합시키며, 그 통합된 원리로부터 세상에 없던 가치와 성과를 창조해 냅니다.

많은 이들이 부르짖는 창조경제, 창조국가의 열매는 거저 얻어지지 않습니다. 예를 들면 창조경제는 실패의 가능성을 전제로 하고 있습니다. 창조국가로 알려진 이스라엘에서도 8개 기업이 설립되면 그중 한 개만 살아남는다고 합니다. 저는 우리나라에서 한 번 실패한 사람이 재기를 할 수 있는 여건이 되는가? 전례가 없는 아이디어를 가진 사람이 그것을 실현할 수 있는가? 애써 개발한 기술에 대한 보상을 받을 길이 있는가? 세상에 없는 기술로 상품을 만들었을 때 품질 인증기준을 만들 수 있는가? 등등의 문제가 해결되지 않으면 우리나라가 창조적 혁신국가가 되는 것은 불가능합니다. 작은 성공이 큰 성공으로 이어지는 선순환적 구조를 만들어가야 합니다. 과거에 우리나라에는 자본이라고 해야 거의 종잣돈 수준의 자본밖에 없었기 때문에 실패가 용납되지 않았고, 때문에 불확실한 사업보다는 이미 검증된 사업을 더 잘 하는 수밖에 없었습니다. 그러나 그러한 방식의 성장시대는 이제 막을 내렸습니다. 이젠 우리도 위험과 투자

손실을 감수하면서도 남들이 가지 않은 새로운 길을 가야만할 시기가 되었습니다. 그냥 간다고 될 일이 아닙니다. 이 시대의 요구가 뭔지 우리가 뭘 잘 할 수 있는지, 어떻게 하면 그것을 구현할 수 있을지, 하고자 하는 일의 본질에 대한 내적 성찰이 필요합니다. 또 동시에 그것을 어떻게 실현시킬지, 외적구현을 위해 과감하게 열정적으로 도전하여야 합니다.

연말이 되면 인도블록을 교체하는 것 때문에 많은 사람들이 공공기관을 비난합니다. 예산을 제대로 집행하지 못하고 불필요하게 세금을 낭비한다고 생각하기 때문이지요. 그러나 마냥 공무원들을 비난할 수만은 없습니다. 한 번의 실패를 용인하지 않는 사회적인 구조가 창의적인 생각과 상상력을 가로막기 때문입니다. 물론 공공기관이 불확실한 사업에 투기하듯 재정을 지출하여 손실을 보는 것도 옳지 않습니다. 그러나 내적 성찰을 통해 주민을 위해 국민의 행복을 위해 무엇을 할 수 있을까 생각하다보면 외적인 창의적 아이디어들이 많이 떠오를 것입니다. 국민을 위해 일하는 것은 예나 지금이나 같지만 그 방법은 얼마든지 바꿀 수 있습니다. 아니 바꾸어 나가야 합니다. 계절에 따라 옷을 갈아입듯, 시대의 흐름에 맞게 관행에 따라 하던 모든 일들을 본질적 가치에 비추어 새롭게 바꾸어 나가야 사회의 발전을 선도하는 행정이 될 수 있습니다.

제가 살고 있는 대구시의 중구청에서는 삼일만세운동, 의료선교박물관, 선교사 묘지, 기독교 발원지, 가곡에 나오는 청라언덕, 섬유산업의 발상지, 국채보상운동, 최초의 사과나무 등 잊혀져가던 좁은 골목의 스토리를 발굴하여 '근대사 골목투어 프로그램'으로 만들었고, 아무도 찾지 않던 골목에 하루에도 수천 명의 관광객을 유치하는 성과를 거두고 있는데 이런 것이 바로 창의적행정의 좋은 예라 할 수 있습니다.

9. 삼원색 창조원리의 실제 적용

이러한 삼원색 창조원리를 실제로 적용해 보겠습니다.

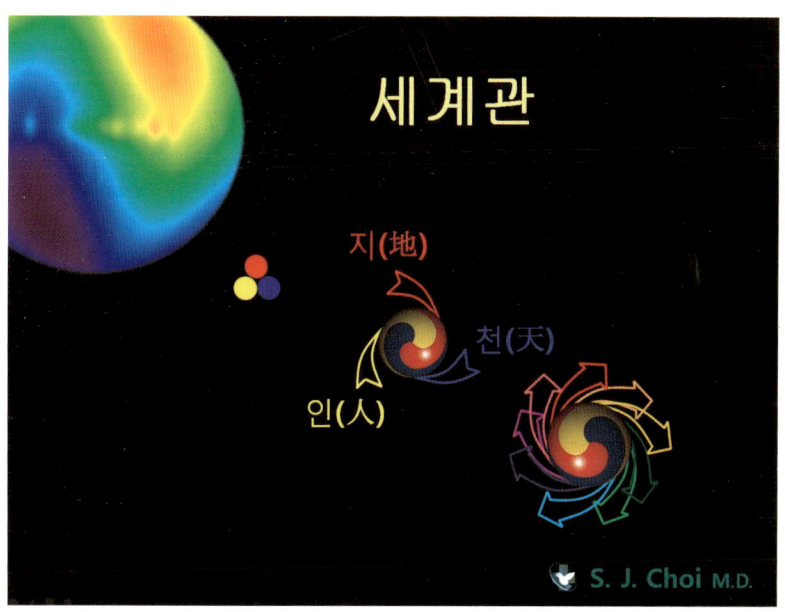

 세상에서 가장 귀한 것, 가장 근원이 되는 것은 하늘(하나님)과 땅(자연), 그리고 사람(인)이라는 것이 우리 민족 고유의 천지인 삼재 사상입니다. 천지인에서 모든 세상의 법칙들이 생겨납니다.
 훈민정음 해례본에는 '천지자연의 소리가 있으니 반드시 천지자연의 글자가 있다.(有天地自然之聲 則必有天地自然之文) 그래서 옛사

람이 소리에 따라 글자를 만들어 만물의 뜻을 통하게 하고 삼재(三才 天地人)의 도를 실었으므로 후세에도 능히 바뀌지 아니하였다. 우리말은 중국과 다르므로 우리말에 맞는 문자가 필요하다……'는 내용이 있습니다. 한글은 자연과 소리에 대한 내적 통찰을 토대로 그것의 외적 구현을 위해 만들어진 글자로 전 세계의 다른 곳에서는 찾아볼 수 없는 우리 민족의 위대한 창조물입니다.

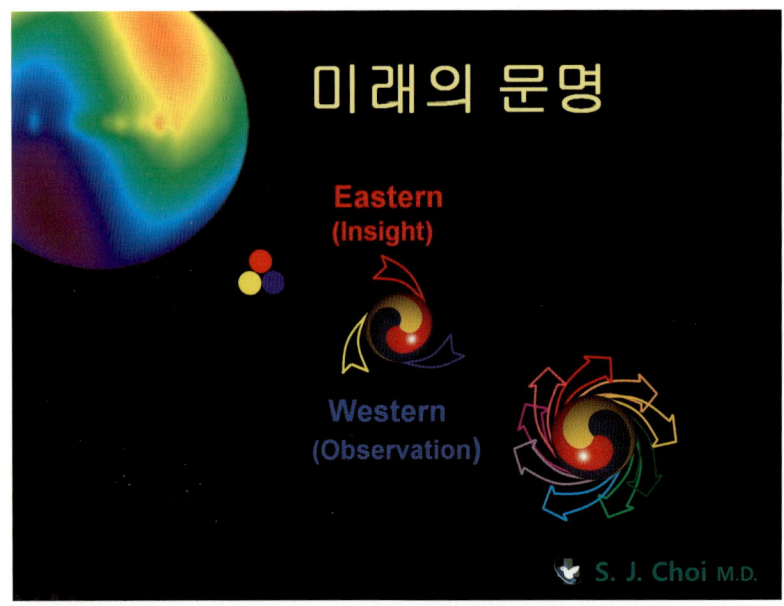

미래의 문명은 어떻게 발전해갈까요?

아마도 동양의 성찰적(Introspection) 사고와 서양의 관찰적(Observation) 사고가 통합되어 새로운 통찰적(Insight) 문명이 만들어질 것입니다. 근대에 서양 문명을 받아들이는 한중일의 자세로 중국은 中體西用, 일본은 和魂洋才, 조선은 東道西器론으로써 동양문명에 서양문명을 접목하고자 하였습니다.

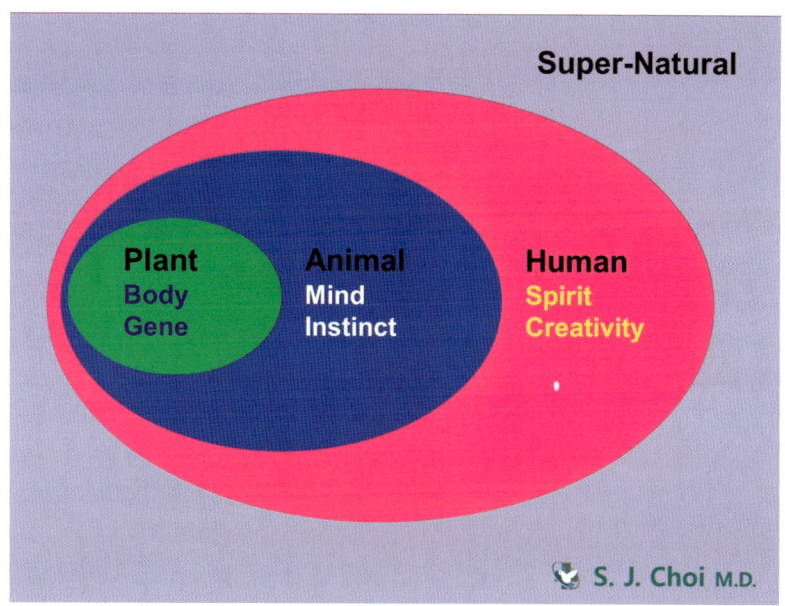

 우리가 사는 세상 지구에는 사람과 동물, 그리고 식물이 있습니다. 각각의 본질적 요소를 살펴볼까요?
 식물의 특징은 몸체가 있고, 이미 정해진 유전정보에 의하여 발육하고 생장한다는 것입니다.
 동물은 마음이 있고, 본능에 의해 움직이는 것이 특징입니다. 연어의 귀환에서 보듯 동물의 본능은 참으로 경이롭습니다.
 그렇다면 사람은 동물에 비해 어떤 특징이 있을까요? 사람은 영적이며, 창조적인 존재입니다. 인간의 창조성은 그 끝을 상상하기 어렵습니다.
 정해진 유전정보에 의해 살아가는 식물은 일정한 조건만 맞춰주면 수천 수만 수백만 그루도 한꺼번에 같은 방법으로 키울 수 있습니다. 그래서 식물은 재배(Cultivating)한다고 합니다. 동물은 본능에 의해 움직이므로 본능을 잘 이용하여 같은 것을 반복적으로 훈련하게 되면 배운 것만 기억하고 그대로 수행합니다. 그래서 동물은 훈련(Training)시킨다고 합니다. 정해진 프로그램에 따라 훈련하는 것은 동물 수준에서 하는 것입니다. 그렇지만 사람은 창조성을 갖고 있습니다. 창조성이 있다는 것은 삼원색, 세 가지 색깔을 갖고 여러 가지 색깔을 만들 수 있다는 것입니다. 다시 말하면 동물들은 한 가지 한 가지 색깔을 가르쳐야 한다면 사람은 세 가지 기본 색을 가르치면 수십 수백 가지 색깔, 나아가 자신만의 색깔을 만들어낸다는 것입니다. 이 본질적인 세 가지를 찾도록 도와주고 그것을 자신만의 방법으로 잘 활용할 수 있게 격려해주는 것 그것이 코칭(Coaching)입니다. 사람은 식물과 다르고 동물과도 다릅니다. 단순한 지식의 전달이나 반복적인 학습의 강요는 창조성을 가진 사람에게 맞는 방법이 아닙니다. 다른 사람이 나와 같은 길을 걸을 수 있게 도와주는 멘토와도 다릅니다. 사람에게는 코칭이 필요합니다.

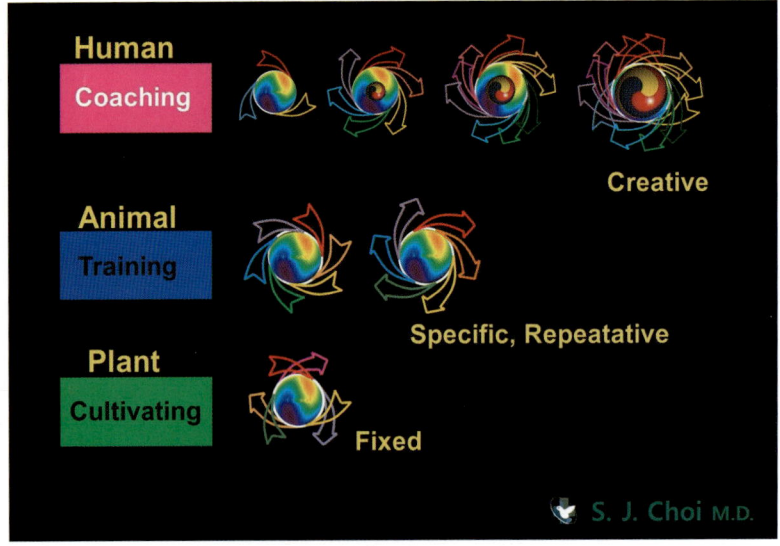

이젠 멘토를 넘어 코칭(Coaching)의 시대가 되어야 합니다.

코칭을 할 때 꼭 알아야 하는 것이 있습니다. 하나님이 우리 모두에게 주신 것이 있습니다. 그것은 열정(Passion), 재능(Talent) 그리고 스타일(Style)입니다. 열정은 우리가 어떤 분야에서 일할 것인지 정해줍니다. 재능은 그 분야에서 무슨 일을 할 것인지를 말해주고, 스타일은 그 일을 어떻게 할 것인지를 정해줍니다. 예를 들면 음악이 너무 좋고 음악을 하고 있으면 시간 가는 줄 모른다면 음악에 열정이 있는 것입니다.

그런데 노래나 악기 연주에 재능이 없다면 매니저나 기획자처럼 자신이 잘 할 수 있는 일을 찾아야 합니다. 열정도 끈기도 필요하지만 재능이 없는 일에 매달려 시간을 낭비하는 것도 옳지 않습니다. 숨겨진 재능을 발견하고 키워주는 것이 바로 부모, 스승, 코치의 역할입니다. 재능이 있는 일은 쉽게 또 즐겁게 할 수 있고, 다른 사람들에게서 인정도 받습니다.또한 외향적인 사람과 내향적인 사람은 일하는 스타일이 다릅니다. 같은 일이라도 자기 스타일대로 하는 것입니다.

    진보를 위한 4단계 법칙에 맞추어 생각해 본다면 1단계 수동적인 (Passive) 자세는 재배(Cultivating), 식물 수준이고, 2,3단계인 긍정적 (Positive), 적극적인(Active) 자세는 훈련(Training, 동물 수준이고, 4단계 창조적인(Creative) 자세는 코칭(Coaching), 사람의 수준이라고 할 수 있습니다. 그런데 아직까지도 일부 국가 대표들조차 반복에 기초한 훈련(Training)수준에 머물러 있으니 참으로 안타깝기 그지없습니다. Training 수준의 운동방법(Sports Specific Exercise)으로는 세계적인 운동선수가 되기 어렵습니다. 반복적인 훈련에 의해 만들어진 패턴에 따른 기술로는 상대방을 한 번은 제압할 수 있겠지만 두 번, 세 번 제압하기는 힘이 듭니다. 그 상대와 상황에 맞는 창조적인 플레이를 할 수 있어야 세계적인 수준의 선수가 될 수 있습니다. 그러기 위해서는 창조적 운동프로그램(Sports Creative Exercise)이 필요합니다.

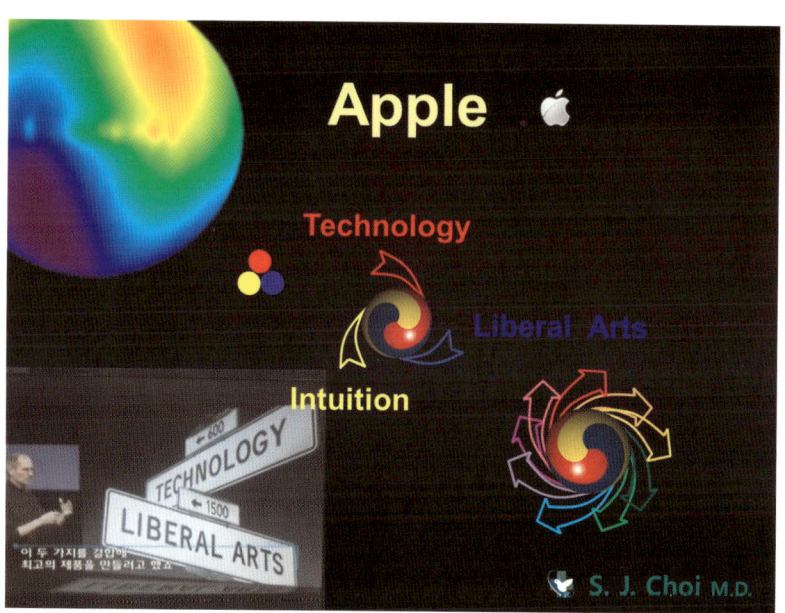

　〈애플〉은 오늘 날 가장 성공적인 기업일 뿐 아니라 가장 존경 받는 기업이 되었습니다.

　그 요인을 스티브 잡스는 스스로 말하기를 "항상 인문학과 공학의 경계점에서 제품을 디자인하고 만들었다."고 했습니다.

　애플은 인문학적으로 고객이 원하는 것을 파악하고, 그것을 구현하기 위해 공학에 영감을 불어넣어 아이팟, 아이폰 아이패드 같은 혁신적인 제품을 만들었습니다.

    1837년 뉴욕의 한 팬시 문구점으로 출발해 2012년 4조 가까운 매출을 올린 〈티파니〉의 핵심가치는 가격의 민주화, 제품의 과학화, 디자인의 자기화입니다.

    티파니는 비교적 싼 소재인 은에다 최고 장인의 디자인을 결합하여 고급 다이아몬드 못지않은 은제품을 만들어 합리적인 가격에다 럭셔리한 이미지를 갖게 하였습니다.

    이 역시 핵심이 되는 본질을 파악하고 그것을 제품으로 구현한 사례입니다.

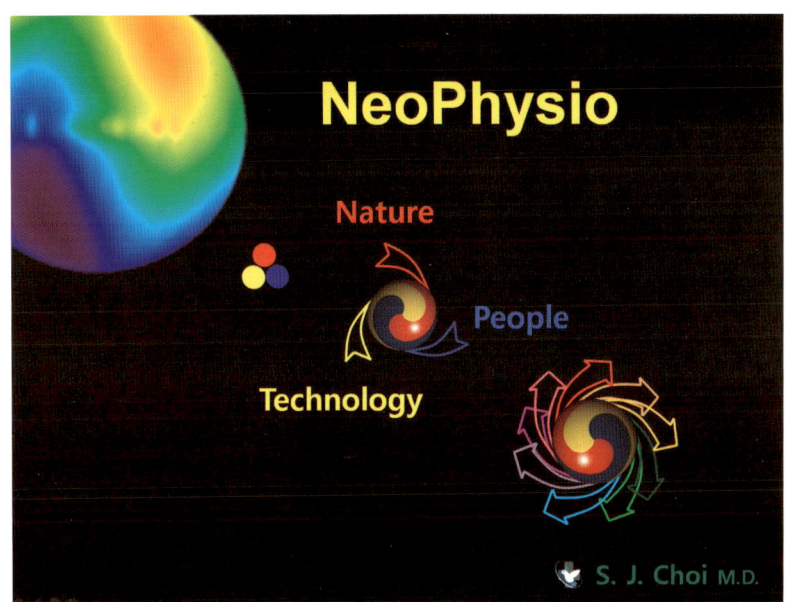

　네오피지오(NeoPhysio)는 본래 창조된 모습 그대로의 회복을 뜻하는 브랜드로, (주)네오피지오텍(NPT)은 자연(Nature), 사람(People), 기술(Technology)을 핵심가치로 하여 네오슬링, 에어밸런스보드 등 다양한 운동기구들과, 베게 및 침구류 등 건강증진 관련 제품을 생산하기 위하여 제가 설립한 벤처기업입니다.

　바호주 EU 집행위원장은 인터뷰에서 수많은 나라와 민족이 모여 있는 유럽연합이 조화로운 사회가 되기 위해서는 개방경제, 사회적 통합, 지속가능성이 가장 중요한 가치라고 하였습니다. 그의 모든 정책과 행동은 이러한 가치에 의해 결정되는 것입니다.

　인공광합성, 로봇제조 등과 같은 융합연구 프로젝트를 수행하기 위해서는 재료공학, 화학, 생물학, 나노공학, 광물리학, 기계공학, 효소공학 등 많은 분야의 전문가 기업이 참여하여야 합니다.
　이때 각 분야의 기업은 자신이 분명한 색깔을 가져야 하지만 목표를 달성하기 위해서는 다른 색깔이 반드시 필요하다는 인식아래 다른 색깔과 화목하기를 노력해야 하고, 함께 열정적으로 도전하여야 융합연구의 결실을 맺을 수 있습니다.

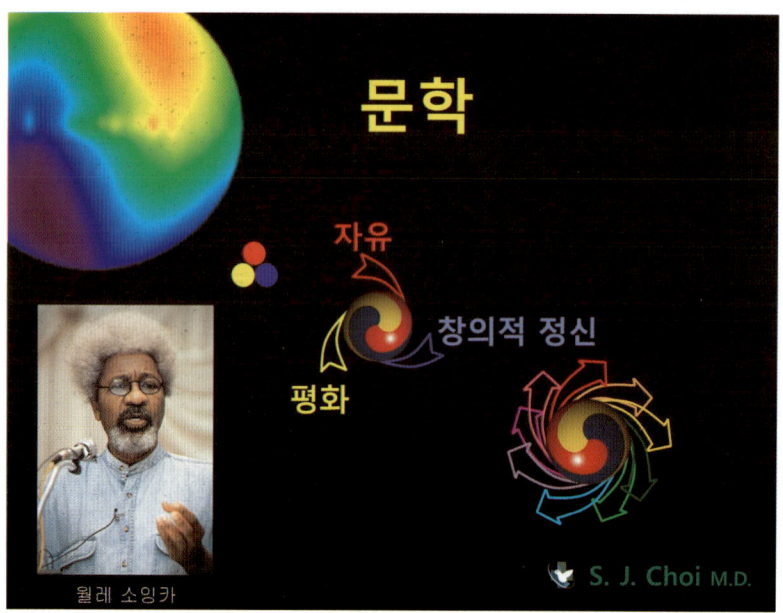

월레 소잉카

　아프리카 근대 연극계의 권위자이며 1986년 노벨문학상 수상자인 월레 소잉카에게 '문학이란 무엇인가' 라는 질문을 하였습니다.
　그는 "문학이란 자유와 창의적 정신, 평화의 가치를 구현하는 것" 이라 하였습니다. 문학의 본질적 요소, 핵심가치에 대하여 그의 의견을 말한 것입니다.
　모든 그의 작품은 이러한 문학의 본질에 대한 내적성찰의 외적 구현이라 할 수 있습니다.

　대한민국을 IT 강국이라고 말합니다. 아니 한때는 IT강국이었습니다. 그것은 Web 1.0시대의 말이고 Web 2.0 3.0시대에는 웹스테이션과 소프트파워를 기르지 못해 지금은 안타깝게도 세계 IT산업에서 위상이 추락하고 있습니다. 그것은 IT산업에 대한 본질적 성찰이 부족했기 때문입니다. 싸이월드나 아이러브스쿨처럼 Web 2.0 시대를 우리가 먼저 열었음에도 불구하고 그 가치를 알아보지 못하는 바람에 지금은 페이스북이나 유투브에 그 자리를 내어준 것입니다. 참으로 안타까운 일이 아닐 수 없습니다.

　일찍부터 저는 사용자가 정보의 공급자가 되고, 공유와 소통 그리고 완벽한 수평적 교류가 인터넷으로 대변되는 디지털시대의 본질이라고 생각해 왔습니다. 통신기술과 컴퓨터 산업의 비약적인 발전으로 거의 구현이 되고 있으나 아직 완전하지는 않습니다. 누가 먼저 그 개념을 실제로 구현하느냐가 미래의 강국이 될 것입니다.

　지금도 늦지 않습니다. 모바일과 클라우드, 빅데이터 등 짧은 시간이지만 우리에게 천재일우의 마지막 기회가 남아 있습니다. 작은 성공에 도취하여 우물 안 개구리가 되지 말고, 과거의 실패를 거울삼고, 앞선 기업을 벤치마킹하면서 거기에 우리만의 독창적 아이디어를 더하여 전 세계를 향하여 전력을 다해 나아가야 합니다. 좀 늦긴 하지만 우리에게 이런 기회는 두 번 다시 오기 힘듭니다. 다른 나라를 약탈한 제국주의 국가도 아니고, 자원도 없는 우리 대한민국이 전 세계의 리더국가로 도약할 것인지, 그저 그런 국가로 전락할 것인지 하는 것은 향후 10년, 우리 모든 국민이 자신의 위치에서 어떻게 하느냐에 달려 있습니다. 서로 다른 모습의 우리들이지만 한민족의 이름으로 동과 서, 남과 북이 화목하여 국경이 없는 미래 창조 사회를 향해 도전해야 합니다.

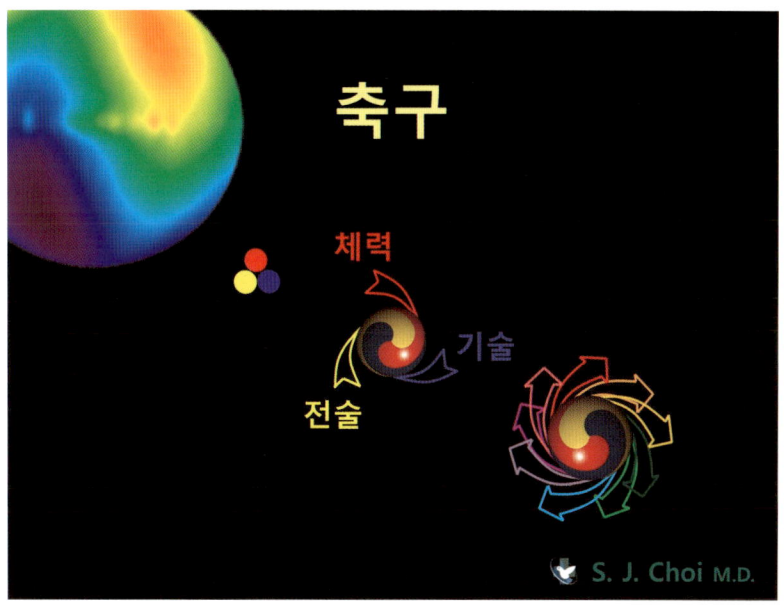

축구의 본질적 핵심가치는 체력과 기술 그리고 전술입니다. 2002년 월드컵을 기억하십니까? 대한민국의 대표팀 감독을 맡았던 히딩크는 국가대표를 모아놓고 이른바 지옥훈련으로 불리던 10미터 왕복달리기 등 체력 훈련만 시켰습니다. 전술은 대회에 임박해서도 익힐 수 있고, 또 기술은 어릴 때부터 익혀야 하므로 1-2년간 가끔 모여 훈련하는 것으로는 큰 발전을 보기 어려운 반면, 체력은 단기간의 혹독한 훈련으로 기를 수 있다고 생각한 것입니다. 월드컵 개막 두 달 전까지 평가전에서 5대0으로 지면서 5대0 감독이라는 비아냥을 들으면서도 체력훈련에 집중한 덕분에 4강까지 올라가는 동안 경기 내내 상대방을 압박하고 후반전 막판에 체력을 앞세워 극적인 결승골을 넣은 것을 기억하시죠? 본질을 이해한다는 것은 이런 것입니다. 히딩크는 축구가 뭔지 정확히 본질을 알고 우리 대한민국의 팀이 가진 장점을 극대화하고, 어떻게 그것을 시합에서 구현해야할지 아는 지도자였습니다.

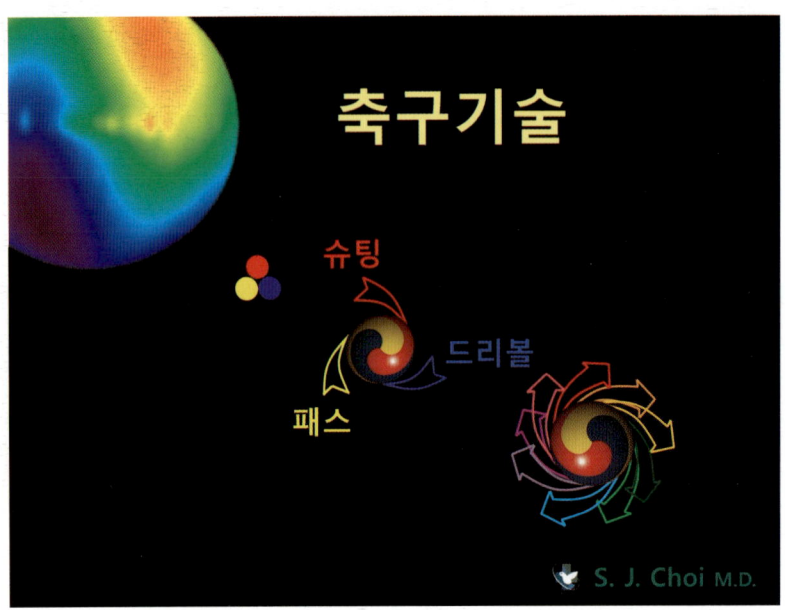

　축구기술을 논하자면 축구기술의 본질적 요소는 슈팅과 드리블 그리고 패스입니다.

　요즘 손흥민 선수가 주목을 받고 있습니다. 그런데 그 선수의 어린 시절을 보면 그 아버지가 아들을 시합을 못하게 하고 슈팅, 드리블 등 기본기 연습만 시켰다고 합니다. 심지어 학교에도 보내지 않고 아버지가 훈련을 시켰다고 합니다. 어린 손흥민 선수는 얼마나 시합이 뛰고 싶었을까요? 그러나 그렇게 하지 않았습니다.

　지금의 손흥민 선수의 플레이를 보면 참으로 창조적인 골을 넣습니다. 그것이 바로 축구에 대한 내적 성찰의 외적 구현이라 할 수 있습니다.

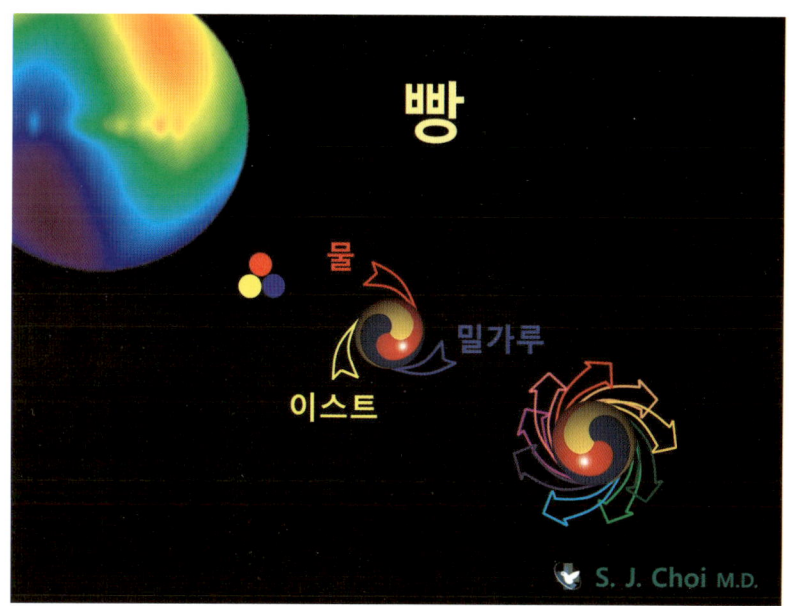

맛있는 빵을 만들고 싶으십니까?

그렇다면 빵의 본질적 요소가 무엇인지 알아야 합니다. 제빵왕 김탁구란 드라마 생각나시지요? 거기에 보면 우여곡절 끝에 이스트 없이 빵을 만드는 것이 나옵니다만 빵은 물과 이스트, 밀가루로 만듭니다. 그 다음에야 팥빵, 소보로빵, 크림빵 같은 다양한 빵들이 만들어집니다.

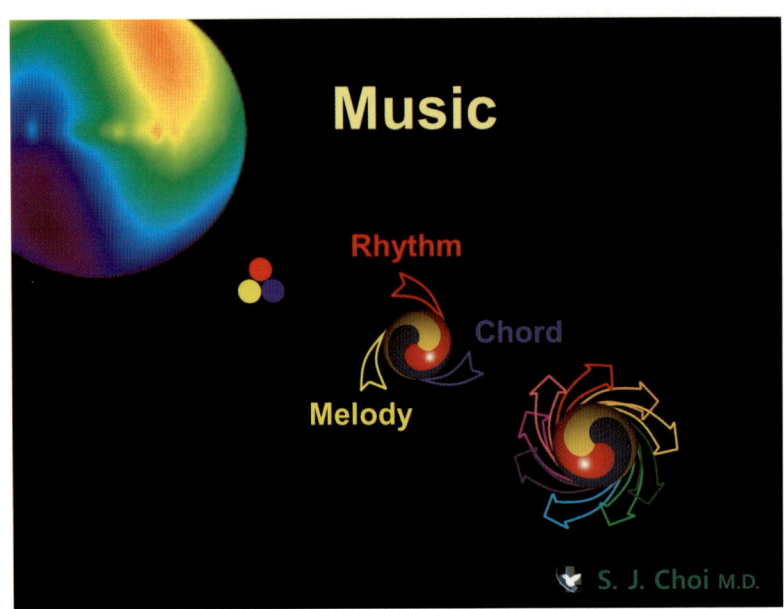

　음악의 본질적 요소는 리듬과 코드(화성) 그리고 멜로디입니다. 리듬과 코드 멜로디를 이용하여 재즈, 팝, 락 등 모든 음악의 장르가 생겨나고 수많은 곡들이 만들어집니다.

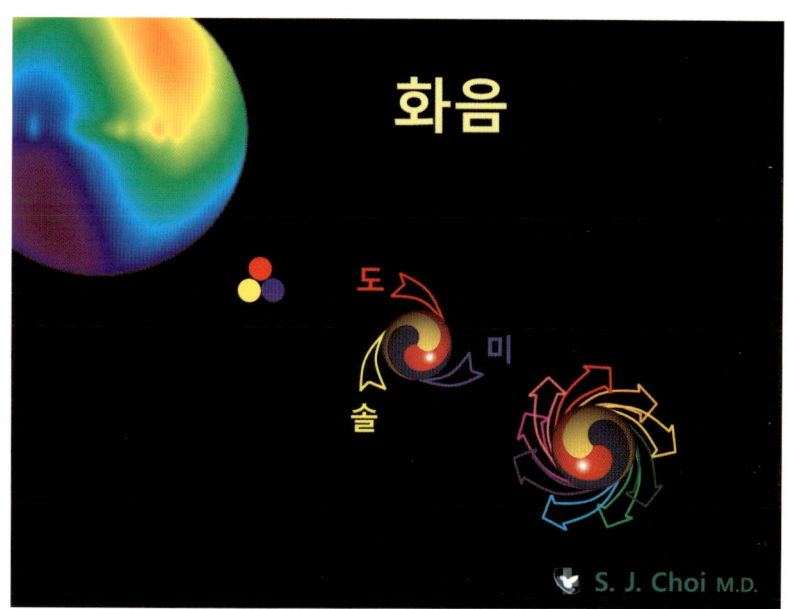

　세상의 모든 음정과 화음은 도 미 솔에서 나옵니다. 이 절대 음정에서부터 시작하여 모든 음들이 제 자리를 찾습니다.

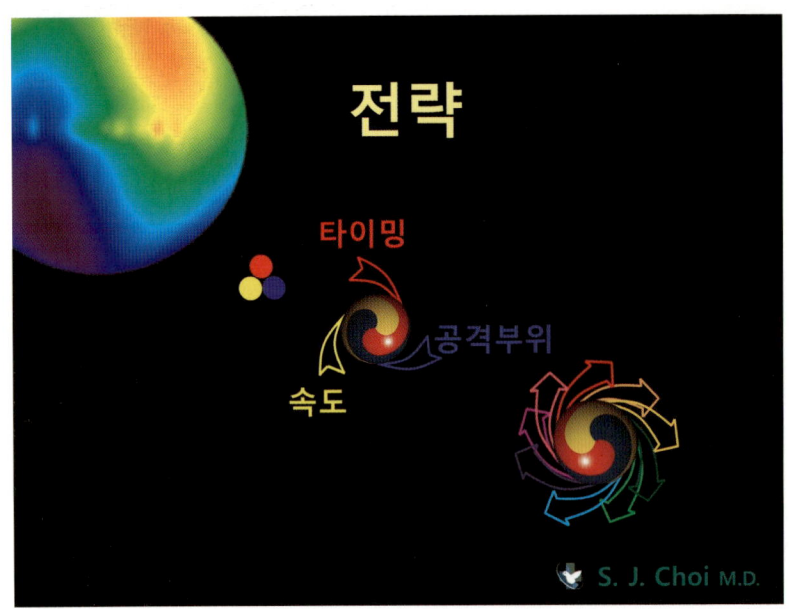

　손자병법에 보면 전략의 기본은 타이밍과 공격부위 그리고 속도라고 하였습니다. 전쟁의 승패를 가르는 전략을 실행할 때 가장 중요한 것은 이 세 가지를 고려해야 한다는 것입니다.

명문 사학인 거창고등학교는 직업선택의 십계명으로 유명합니다. 그러나 그 십계명을 이해하기 위해서는 지금의 명문 거창고가 있기까지 저변에 흐르고 있는 전인교육, 가치관 교육을 알아야 합니다. 거창고등학교의 김선봉(58) 교장은 한 인터뷰에서 신앙 및 정신교육, 다음은 지식교육, 그리고 마지막이 정서교육, 이 3가지 교육을 통해 학생들은 무조건 경쟁에서 이기기보다 이 사회에서 어떤 역할을 하며 어떻게 기여할 수 있는 인재가 될 것인가를 배운다고 합니다.

우리가 알고 있는 유명한 거창고 십계명은 그런 핵심가치(내적성찰)를 실천(외적구현)하는데 도움을 주기 위한 권고사항(가이드)이라 할 수 있습니다.

〈거창고 직업선택 십계명〉

1. 월급이 적은 쪽을 택하라.
2. 내가 원하는 곳이 아니라, 나를 필요로 하는 곳을 택하라.

3. 승진의 기회가 거의 없는 곳을 택하라.
4. 모든 조건이 갖춰진 곳을 피하고 처음부터 시작해야 하는 황무지를 택하라.
5. 앞 다투어 모여드는 곳에는 절대 가지 마라. 아무도 가지 않은 곳으로 가라.
6. 장래성이 전혀 없다고 생각하는 곳으로 가라.
7. 사회적 존경을 바라볼 수 없는 곳으로 가라.
8. 한가운데가 아니라 가장자리로 가라.
9. 부모나 아내나 약혼자가 결사반대하는 곳이면 틀림없다. 의심치 말고 가라.
10. 왕관이 아니라 단두대가 기다리는 곳으로 가라.

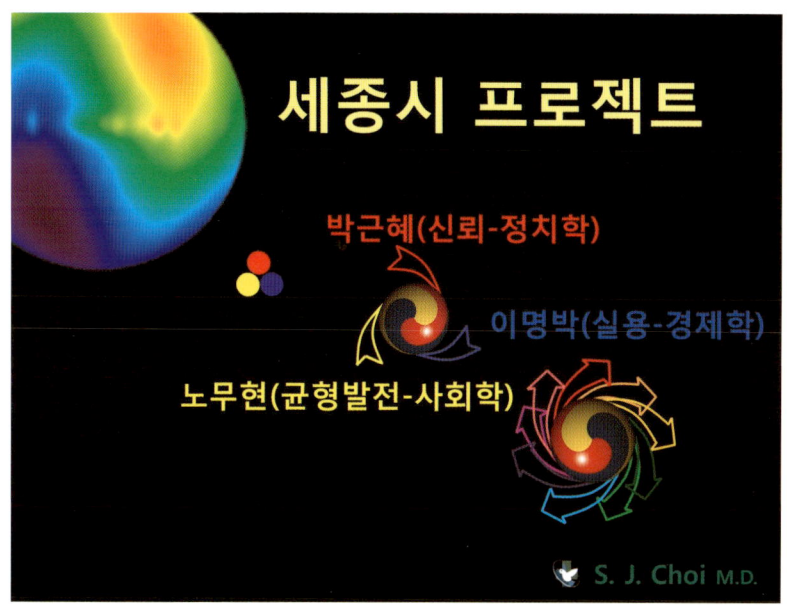

한동안 세종시의 해법을 두고 첨예한 대립이 있었습니다.

처음 노무현 대통령은 지역의 균형발전을 위해 행정수도로 세종시를 계획했고, 이명박 대통령은 실용적인 경제학 측면에서 세종시를 과학도시로 용도를 변경하려고 했으나, 박근혜 대통령은 정치의 신뢰를 강조하면서 원안을 고수했지요. 〈삼원색 창조원리〉에 따라 생각해 보면 박근혜 대통령은 빨간색, 이명박 대통령은 파란색, 노무현 대통령은 노란색입니다.

한 색깔이 정권을 잡게 되면 아예 다른 정권의 색깔을 지우고, 자신의 색깔로 덧입히고자 하는 지금의 정치로는 다양한 정책을 만들어 낼 수가 없습니다. 국민들이 원하는 것은, 정당이나 대통령이 자신만의 색깔만 고집할 것이 아니라 때에 따라 적절하게 다양한 색깔을 만들어 줄 것을 기대하는 것입니다. 물론 언제나 이 색깔 중 하나라도 빠지면 새로운 색깔을 만들어낼 수 없습니다. 멋지고 아름다운 색깔을 만들기 위해서는 더욱 순수한 삼원색이 필요하듯이 좋은 정책을 만들기 위해서는 자신의 입장에서 더욱 분명한 정체성을 갖기 위해 부단히 노력해야 합니다. 빨간색은 더욱 빨간색답게, 파란색은 더욱 파란색답게, 노란색은 더욱 노란색답게 되려고 노력하면서 국회에 모여 정책을 만들 때는 자신에게 다른 색깔이 꼭 필요하다는 인식아래 서로 만나 토의를 해야 합니다.

서양의 정당체계는 정반합, 또 진보(Liberal)와 보수(Conservative)로 나뉜 양당 구도인데 이런 구도에서는 언제나 갈등이 있을 수밖에 없습니다. 한쪽만 꺾으면 무조건 내 세상이 되니까 수단 방법을 가리지 않고 상대를 꺾기 위해 사력을 다합니다. 그러다보니 국회폭력이다, 국정공백이다, 여당과 야당이 서로 벼랑 끝 대치를 하는 것 아니겠습니까?

한 가지 정책에서 좀 양보를 했다고 해서 그 당의 정체성이나 존재 이유가 무너지는 것이 아닙니다. 한 분야에서 양보를 했으면 다른 분야에서는 또 나의 색깔을 많이 넣기 위해 노력하면 되는 것입니다.

역시 이때도 〈삼원색 창조원리〉의 3단계가 필요합니다. 본질적 가치에 대한 이해와 파악이 먼저이고 그 다음엔 그것을 통합 실현할 수 있는 방법을 찾고 마지막으로 현실에서 구현하기 위해 도전하여야 합니다.

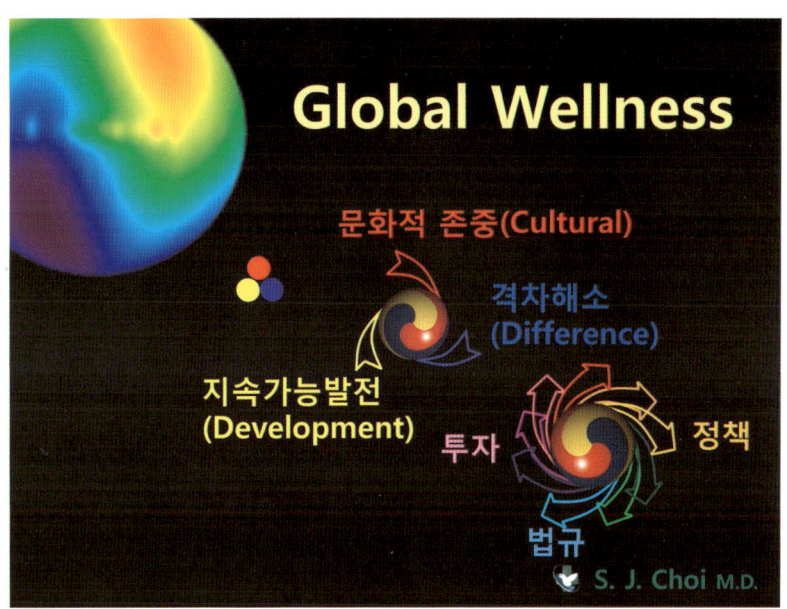

오늘날 지구촌의 지향점을 무엇으로 할 것인가 〈삼원색 창조원리〉로 생각해 봅시다.

우리 인류가 추구해야 할 최고의 가치는 무엇으로 말할 수 있을까요? 모든 구성원들의 행복, 만족이 최고의 목표가 되겠지요.

Global Wellness로 표현되는 이상적인 목표를 두고 어떻게 이를 구현할 것인지 생각해 보겠습니다. 전 인류의 행복(Wellness)을 위해서는 첫째 개별 문화에 대한 존중이 필요합니다. 지난 세기 자행된 문명파괴는 반드시 없어져야 합니다.

둘째 지역 간, 국가 간 격차해소입니다. 남반구와 북반구, 선진국과 저개발 국가 간의 격차해소가 필요합니다.

셋째로 미래의 발전을 위해서 지속 가능한 발전전략이 필요하다고 생각합니다.

이 세 가지를 함께 통합적으로 구현하기란 쉽지 않은 일이지만 〈삼원색 창조원리〉으로 생각해 보면 가장 이상적인 방법이기도 합니다. 모든 국가와 단체들이 어떤 정책을 결정할 때 이러한 원칙을 지켜나간다면 우리 지구의 앞날은 희망을 볼 수 있습니다.

이 가운데서 '지속 가능한 발전'이란 경제적, 환경적, 사회적으로 지속 가능한 발전을 의미합니다.

    21세기인 지금 세계적인 경제 패러다임이 변하고 있습니다. 발전의 목표가 경제성장(Economical Growth)에서 경제성장과 사회개발, 환경보호를 함께 추구하는 지속가능한 발전(Sustainable Development)으로 바뀌고 있습니다. 2000년부터 2015년까지 UN이 밀레니엄프로젝트로서 193개 회원국과 23개 국제조직이 함께 추진하고 있는 8개항의 새천년개발목표(MDGs)가 기아와 빈곤퇴치, 유아사망률 감소 등 가장 시급하고 발전의 기본이 되는 내용들이었다면 2016년부터 시행될 것으로 예상되는 지속가능한 발전목표(Sustainable Development Goals SDGs)는 그 위에 지속가능한 사회개발과 환경보호, 지속가능한 소비와 생산 등 보다 적극적인 발전목표들이 추가될 예정입니다.

    향후 우리나라의 정책과 법규, 투자도 이러한 세계적인 목표에 맞게 이루어져야 합니다. 또한 국제적 비즈니스도 역시 이러한 국제적 어젠다 속에서 기회를 찾아야 할 것입니다.

향후 국민의 행복을 지향하는 정부의 국정과제가 돼야할 가장 본질적인 가치는 무엇이 되어야 할까요? 아니 우리 사회가, 우리 대한민국이 나아가야할 방향은 무엇이 되어야 할까요? 이것은 대통령이나 정치인만의 몫이 아닙니다. 우리 모두의 몫입니다. 복지, 경제, 남북통일 등 수많은 문제들이 산적해 있지만 분명한 것은 우리는 그 문제들을 극복하고 보다 나은 미래를 향해 나아가야 한다는 것이고, 대한민국의 미래는 지금 나와 우리의 선택에 달려 있으며, 그 미래로 가는 길은 세계의 어느 국가, 어느 누구도 걷지 않은 길이라는 것입니다.

　많은 문제들 가운데서 국민의 뜻을 모아 가치의 우선순위를 정하고, 경제와 안전, 복지처럼 서로 다른 가치들을 서로 배려하면서 화목하게 만들 수 있는 성숙한 정책을 강력하게 추진할 수 있어야 우리 민족, 대한민국의 밝은 미래를 만들어갈 수 있습니다. 이럴 때 〈삼원색 창조원리〉와 통합마인드맵이 문제에 대한 내적 성찰과 외적구현에 도움이 될 수 있습니다. 먼저 지금 우리나라의 앞날을 결정짓는데 꼭 필요한 핵심요소 빨노파는 무엇인가에 대한 국민적 공감대 Consensus가 필요합니다. 경제, 성장, 복지, 대북정책, 대외정책에 대한 국민적 지지를 이끌어낼 때 성공하는 정부가 될 수 있습니다. 이러한 문제들에 대한 진지한 고민과 본질적 통찰 없이 정치적으로 목표들을 나열한다면 이 정부의 국정목표 또한 국민들의 마음을 얻지 못하고 공허한 메아리가 될 수 있습니다. 우리에게 주어진 이 5년의 시간이 만약 실패로 끝난다면 이것은 이 정부의 실패가 아니라 우리나라 모두의 실패가 될 것입니다. 그러므로 여야를 떠나 나름대로 국가의 지도층임을 자처하는 지식인 그룹들은 개인이나 자신이 속한 그룹의 이익을 대변할 것이 아니라 국가의 백년대계를 위하여 앞서 일하는 정부를 도와 민관이 함께 마음을 열고 모든 것을 하나로 담을 수 있는 국민적 공감대, 가치를 만들어내야 합니다. 또한 이것은 유엔이 정한 글로벌 목표인 지속가능한 발전 목표(SDGs)와도 발맞추어 가는 것입니다.

박근혜 정부는 향후 5년간 추구할 5대 국정목표, 21개 국정전략, 140대 국정과제를 발표하였습니다. 5대 국정목표는 1.일자리 중심의 창조경제 2.맞춤형 고용, 복지 3.창의 교육과 문화가 있는 삶 4.안전과 통합의 사회 5.행복한 통일시대의 기반 구축이며, 각각의 국정목표를 이루기 위하여 21개 국정전략과 140개 과제가 결정되었습니다. 또 국민행복, 경제부흥, 문화융성, 통일기반구축의 4대 국정철학을 알리는 모임을 연달아 가지면서 국정철학을 공유하고자 노력하고 있습니다. 또 과거 새마을 운동이 근면, 자조, 협동 정신으로 절대빈곤을 극복했던 것처럼, 오늘날 제2의 새마을 운동의 정신으로 국민통합을 위한 공동체운동, 창조, 문화운동 그리고 글로벌 운동을 제안하고 있습니다. 방향성과 추구해야할 가치가 정해지면 그것을 이루기 위한 열정적인 도전이 필요합니다.

현 정부가 가장 야심차게 준비하고 있지만 또한 개념부터 난관에 부딪친 것이 바로 창조경제입니다. 저자의 삼원색 창조론으로 창조경제를 생각해 보겠습니다.

먼저 창조경제를 위한 본질적 요소, 가치는 무엇일까요?(Identify) 여러 가지를 말할 수 있겠지만 저는 창조적 아이디어(Idea)와 자금(Money), 기술(Technology)이라고 생각합니다. 마치 좋은 땅과 물, 햇빛이 있어야 나무가 잘 자라듯이 이 세 가지 요소가 있어야 창조적 경제를 꽃피울 수 있습니다. 다음 단계는 이 요소들을 잘 아울러서(Reconciliation) 실제 구현할 수 있는 방법을 찾고, 마지막으로 설사 그것이 무모해 보이더라도 위험을 감수하고 과감하게 도전(Challenge)을 할 때, 창조경제, 우리나라만의 창조국가를 만들 수 있습니다.

창조경제는 한두 사람의 의지나 슬로건으로 이루어지는 것이 아닙니다. 민관이 하나 되고 전 국민, 특히 지도층의 의식개혁이 있어야 가능한 일입니다. 정부는 창의적 영감을 가진 사람과 자금, 그리고 예술과 과학기술이 모일 수 있는 환경을 만들어 주고, 그 다음은 모두에게 불만이 없도록 법규와 조례를 정하고 자금의 집행과 모든 절차를 공정하고도 투명하게 진행하여야 합니다. 예를 들면 자금을 지원하기로 하고 안 한다거나, 대기업이 협력업체의 기술을 빼간다거나, 아이디어를 도용하는 등의 불공정행위를 뿌리 뽑아야 성공할 수 있습니다.

이 글을 읽으면서 그럼 우리나라는 아직 멀었군, 하고 생각하시는 분이 많을 것 같습니다. 참 안타깝고 서글픈 현실입니다. 이것을 극복하지 못하면 창업국가도, 창조경제도 없습니다. 지적재산권을 보장해주지 못하면서 창조경제, 창조혁신국가를 외치는 것은 공허한 메아리일 뿐입니다.

불법소프트웨어 복제 문제는 반드시 최우선적으로 해결해야 합니다. 사실 소비자 입장에서는 비용이 부담될 수 있습니다. 이러한 악순환의 고리를 어느 한순간에 끊기란 힘듭니다. 불법복제에 대한 강력한 처벌과 함께 불법복제 근절에 대한 사회적 공감대를 형성하면서 수시로 구제기간, 특별신고기간을 두어 특별가로 공급하여 양성화를 시도하여야 합니다. 그렇게 되면 자본이 축적되고 회사가 살고 소프트웨어 가격도 낮출 수 있는 선순환이 자리를 잡을 수 있습니다. 지금 우리나라에 소프트웨어 인력이 절대적으로 부족하다고 볼멘소리를 하고 있습니다만, 먼저 지적재산권 보호에 대한 국민적 공감대가 형성되지 않는다면 소프트웨어 개발에 인생을 투자하는 사람을 만나기란 하늘의 별 따기와 같을 수밖에 없습니다.

또 가능하면 실패를 줄이고 성공할 수 있게 하려면 서로 정보를 공유할 수 있는 시스템이 마련되어야 합니다. 성공사례와 실패사례를 동일하게 교재로 삼아 경험을 축적하고 공유하는 것이 필요합니다. 실패의 경험 없이 성공한 기업은 거의 없습니다. 실패는 쓰디쓰지만 성공으로 가는 지름길이며, 성공을 이어갈 수 있게 해 주는 가장 귀한 약이 됩니다. 실패를 줄일 수 있게 미리 기술을 검증하고 시장을 조사하고 사업모델을 검토하는 시스템을 마련하여야 합니다.

이것이 가장 모범적으로 정착된 곳이 미국의 실리콘밸리입니다. 우리나라를 비롯한 많은 나라에서 실리콘밸리의 성공사례를 벤치마킹하여 제2의 실리콘밸리를 만들고 싶어 하지만 성공한 예는 흔치 않습니다. 제2의 실리콘밸리, 아니 실리콘밸리를 능가하는 산업을 키우기 위해서는 먼저 아이디어를 가진 개발자나 투자자, 기술을 가진 업체 모두가 능력에 따라 정당한 보상을 받을 수 있는 환경을 만들어야 합니다. 페이팔과 유투브, 구글과 애플 등에서 보듯 좋은 아이디어와 기술로 일으킨 기업을 정당한 대가를 받고 팔고, 그 자본으로 또 다른 사업을 일으키는 선순환이 가능해야 창조경제, 창업을 활성화할 수 있습니다만 아직 우리나라는 요원합니다. 지난 시절 돌아보면 애써 개발한 특허나 기술을 대기업에 빼앗기고 회사는 파산하고 개발자는 신용불량자로 전락한 경우가 많습니다. 이런 환경에서는 스티브잡스가 아니라 누가 오더라도 창업으로 성공하기란 하늘의 별 따기보다 더 어렵습니다. 단지 여러 산업, 여러 공장을 물리적으로 한자리에 모은다고 해서 융합이 되는 것이 아니라 모두에게 유익하여 서로 화목(Reconciliation)할 수 있는 창조경제의 모델을 만들어야 합니다.

10. 국민운동 : 통합기능운동
(Integrated Functional Training)

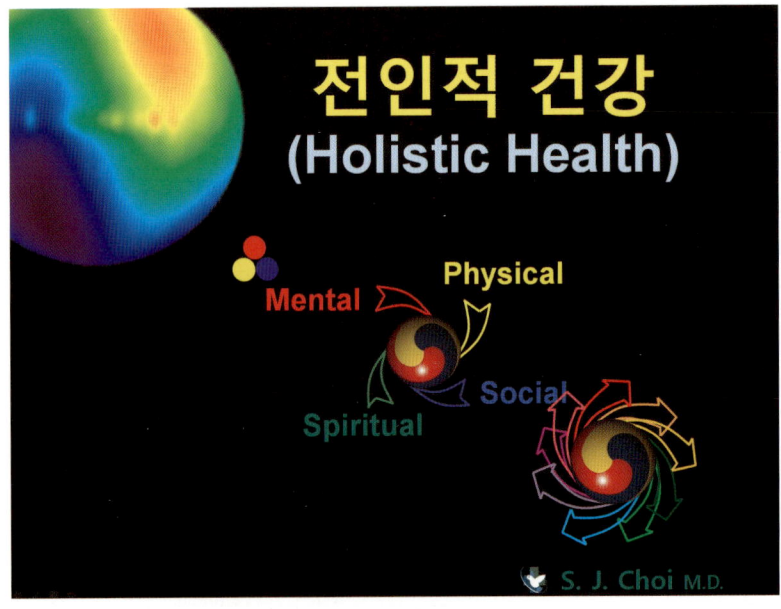

 〈삼원색 창조론〉을 의사인 저의 삶에 적용해 보았습니다. 저는 신경외과 전문의지만 그 이전에 사람들이 〈건강하게〉 살아갈 수 있게 도와드리는 의사입니다. 이때 건강하다는 것, 〈건강〉의 본질적 요소는 무엇입니까? WHO에서 정의한 〈건강〉을 보면 '육체적(Physical), 사회적(Social), 정신적(Mental), 영적(Spiritual)으로 안녕한 상태'를 말합니다. 〈전인적 건강〉이란 이 네 가지가 다 건강할 때를 말합니다. 그렇다면 〈전인적 치유〉란 이 네 가지를 치유하는 것이고, 환자의 이 네 가지에 모두 관심을 가져주는 의사는 〈전인적 의사〉라 할 수 있습니다. WHO 사무총장을 지내신 이종욱 박사 같은 분은 전인적 의사의 모델이라 할 수 있습니다. 물론 보통 사람이 그렇게 하기는 힘이 듭니다만 그래도 알고 있으면서 노력은 할 수 있습니다. 저도 신경외과 의사이기 이전에 환자의 전인적 건강에 관심을 갖게 되었고, 그 중에서 특히 육체적 건강을 담당하는 의사로서 제가 무엇을 할 수 있을까를 생각했습니다.

네 가지 건강 중에 육체적 건강을 위해서는 무엇이 가장 필요한가? 삼원색 창조원리로 생각해 보겠습니다. 먼저 1단계로 육체적 건강을 위한 본질적 요소는 무엇일까요? 그것은 식사(Eat), 휴식(Rest) 그리고 운동(Move)입니다. 좋은 식생활 습관, 스트레스 관리와 휴식, 좋은 운동 프로그램을 수행하면 생활습관병이 예방되고, 자연스럽게 체중이 조절되고, 피부가 좋아지며, 육체적 건강이 증진될 수 있습니다. 마치 나무를 햇빛이 잘 드는 좋은 땅에 심고, 물을 적절하게 주면 잘 자라는 것과 마찬가지입니다. 나무에 물을 주면서 나중에 무슨 꽃이 필까? 어떤 열매가 열릴까? 열매는 무슨 맛일까? 기대하는 것처럼 우리 사람도 날마다 내일은 어떤 좋은 일이 있을까? 기대로 가득한 삶을 살 수 있습니다.

그러나 술, 담배, 지방이 넘치는 음식, 가공식품 등을 먹고, 스트레스 심하고, 제대로 운동도 하지 않으면서 건강보조식품 한두 가지로 건강하게 살기를 원한다면 그것은 공허한 꿈일 뿐입니다.

앞서 말씀드린바와 같이 〈운동〉이란 식사, 휴식(스트레스 관리)과 함께 우리 인간이 건강하게 살아가는데 꼭 필수적인 것입니다. 운동의 효과는 순환계와 신경계, 근 골격계에 직접적으로 영향을 미칩니

다. 운동을 하지 않을 때는 혈액이 주로 내부 장기 즉 뇌나 간, 콩팥으로 가지만, 운동을 하게 되면 근육으로 체내의 혈액이 이동합니다. 운동을 중단하면 다시 근육에서 장기로 혈액이 이동하면서 우리 몸속에서 혈액의 교환과 순환이 이루어집니다. 또 몸을 움직인다는 것은 뇌신경의 명령을 받아 근육에 있는 말초신경이 응답함으로써 움직임이 만들어집니다.

뇌신경도 많이 쓰면 발달하고 쓰지 않으면 도태됩니다. 길을 걷다가 넘어지는 것도 일종의 치매입니다. 머리가 말초신경과 근육에 명령을 제대로 내리지 못하고, 협응력이 떨어진 탓입니다. 운동을 한다는 것은 중추신경과 말초신경, 근육들이 대화를 나누는 것입니다. 대화를 자주 나눌수록 뇌의 발육이 촉진되고, 협응력이 향상되어 몸을 효과적으로 움직일 수 있게 됩니다. 또 운동을 하게 되면 근골격계의 기능이 현저히 향상됩니다. 관절의 유연성, 안정성 또 근력, 지구력 등의 향상으로 통증 없이 원하는 삶을 살 수 있게 해줍니다. 이 외에도 운동이 주는 이점은 이루 말할 수 없이 많습니다. 사람은 동물이므로 움직일 때, 운동할 때 모든 신진대사가 정상적으로 이루어집니다. 운동이란 하면 좋고 안 해도 되는 것이 아니라 반드시 해야 하는 것입니다.

건강한 학교생활을 위해서도 식이, 운동, 휴식(스트레스 관리)이 필요합니다. 그러나 오늘 날 우리나라의 학교 현실을 보십시오. 먹는 문제는 급식으로 어느 정도 해결 되었다고 보더라도 운동이나 스트레스 관리는 아직 자리를 잡지 못하고 있습니다. 통계에 따르면 고3이 되면 거의 대부분 학생들이 일주일에 운동하는 시간이 한 시간도 안 된다고 합니다. 하루 중 거의 대부분 시간을 책상에 앉아 지내고 있습니다. 이것은 먼저 운동에 대한 잘못된 개념에서 비롯된 것입니다. 심지어 생활체육프로그램조차도 경쟁종목 위주의 프로그램으로 채워져 있고, 학교체육, 방과 후 체육활동 역시 경기 위주의 스포츠활동으로 구성되어 있습니다. 학교에서도 쉬는 시간에, 혹은 1,2교시 후, 또 5,6교시 후 또는 중간에 15분 정도 쉬면서 5분을 전교생이 교실 안 그 자리에서 일어나 음악에 맞춰 운동을 하게 하면 학습능률도 훨씬 올라갈 것입니다.

건강한 대한민국 국민이길 원하십니까? 그러면 영적, 정신적, 사회적, 그리고 육체적 건강을 고려하여 정책을 수립해야 합니다. 그 중에서도 육체적 건강을 위해서는 가장 먼저 본질적 요소인 먹는 것과 휴식, 그리고 운동에 관하여 확실한 정책을 수립해야 합니다. 첫째 먹는 것에 관한 것입니다. 건강한 먹거리, 식량주권, 종자주권 등 먹는 것은 아무리 강조해도 지나치지 않습니다. 국민들이 건강한 식생활 습관을 갖도록 확실한 정책을 가져야 합니다. 다음은 스트레스 관리입니다. 술과 담배로 스트레스를 푸는 나라에서는 밝은 미래를 기대할 수 없습니다. 하루에 45명씩 자살하는 나라, 지금과 같은 자살 1위 국가의 오명에서 하루 빨리 벗어나도록 모든 사람들의 지혜를 모아야 합니다. 그 다음은 누구나 할 수 있는 운동 프로그램을 마련해야 합니다. 그런데 현실은 그렇게 녹록하지 않습니다. 바쁜 일상으로 운동은 막연한 희망사항입니다. 새벽, 심야에 헬스클럽을 찾는 사람도 늘고 있습니다.

운동을 2가지로 나누어 본다면 물과 같은 운동, 콜라 같은 운동으로 나눌 수 있습니다. 콜라는 맛있고 파티 분위기를 돋구어줍니다. 그러나 먹지 않더라도 살아가는 데 별 지장이 없습니다. 운동도 콜라처럼 할 때는 즐겁지만 안하더라도 살아가는 데 별 지장이 없는 운동이 있습니다. 바로 등산, 축구, 테니스, 골프, 수영 같은 운동입니다. 하면 즐겁지만 안 해도 살아가는 데 별 문제가 없는 운동들입니다.

한편 물과 같은 운동도 있습니다. 물은 우리가 생존하기 위해 꼭 필요한 것입니다. 물은 목이 마를 때 언제라도 먹을 수 있어야 합니다. 물은 별 맛은 없는 듯 하지만 우리가 살아가는 데 꼭 필요한 것이고 또 목마를 때 마시는 시원한 물 한 잔은 세상 그 무엇과도 바꿀 수 없이 상쾌한 것입니다. 수영이나 테니스, 축구, 골프, 등산 등은 좋은 운동이긴 하나 접근성이 떨어집니다. 목이 마른데 물을 먹기 위해 산으로, 축구장으로, 골프장으로 갈 수는 없습니다. 최근 연구에 의하면 당뇨 예방을 위해서는 하루에 1시간씩 스포츠 활동을 하는 것보다 1시간에 5분씩 움직이는 등 자주 움직여주는 것이 더 효과적이라고 합니다. 물과 같은 운동의 가장 중요한 조건은 목이 마를 땐 언제 어디서나 누구나 물을 마시듯이 운동도 언제 어디서나 누구나 할 수 있어야 한다는 것입니다.

질병을 치료하는 것은 소 잃고 외양간 고치는 것과 같습니다. 중

중질환관리에 천문학적인 돈을 쓰고, 상급병실, 간병비를 공적 의료보험으로 해결하는 것은 불가능합니다. 왜냐하면 대상의 한계도 불분명할 뿐 아니라, 공적예산을 절대빈곤이 아닌 다른 곳에 쏟아 붓는 것은 가장 낮은 수준의 복지정책입니다. 밑 빠진 독에 물붓기와 같은 4대 중증질환 관리와 의료보험 재정의 일부라도 질병예방활동과 건강증진프로그램 보급을 위해 쓴다면 훨씬 더 효율적인 국민건강관리를 할 수 있을 것입니다. 그 예산의 10분의 1만 해도 예를 들면 공중파를 통해 매일 8시50분부터 10분간 운동이나 금연, 금주와 같은 건강방송을 꾸준히 하거나, 국민들이 생활 속에서 운동을 쉽게 접할 수 있게 다양한 프로그램을 개발하고 시설들을 갖추어 나가는 것이 훨씬 효과적이며 결론적으로 재정을 절약할 수 있는 방법입니다.

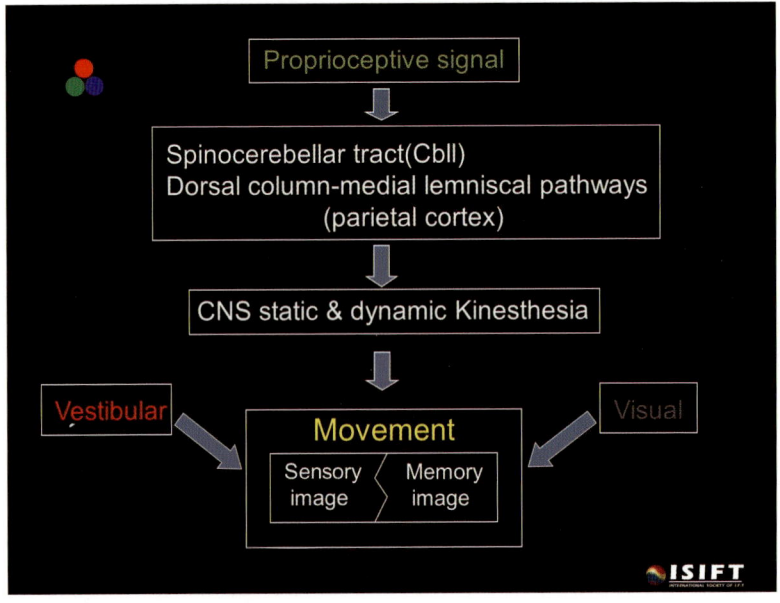

제가 가장 안타깝게 생각하는 것은 지금 우리나라에는 국민 누구나가 언제 어디서나 할 수 있는 〈국민운동〉이 없다는 것입니다. 남녀

노소, 장애우 등 전 국민이 언제 어디서나 할 수 있는 국민운동프로그램이 필요합니다. 여러 가지 운동프로그램들이 국민운동을 표방하고 있으나 아직 널리 알려진 운동이 없습니다. 우리 사회의 전 구성원에게 적용할 수 있는 이상적인 국민운동이 되기 위해서는 어떤 운동프로그램이 되어야 할까요? 가장 이상적인 운동 프로그램은 어떤 것일까요?

먼저 우리가 운동을 할 수 있도록 해주는 본질적 요소를 알아보겠습니다. 우리가 운동할 수 있도록 해주는 소프트웨어적 신호는 눈으로 들어오는 시력 정보(Visual), 전정기관(vestibular)의 신호, 또 온몸의 관절에서 오는 고유수용성(Proprioception)신호들이 뇌로 입력되면 뇌에서 이러한 신호들을 이전의 기억들과 통합하여 근골격계에 명령을 내려 운동을 수행하게 됩니다. 운동을 수행할 때 의식적인 운동은 대뇌가 담당하고, 무의식적인 운동은 소뇌가 담당하게 됩니다.

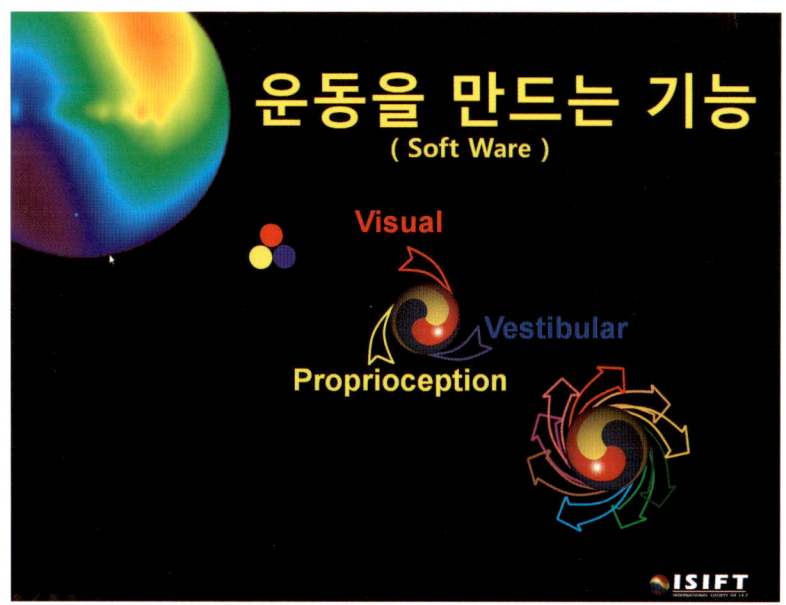

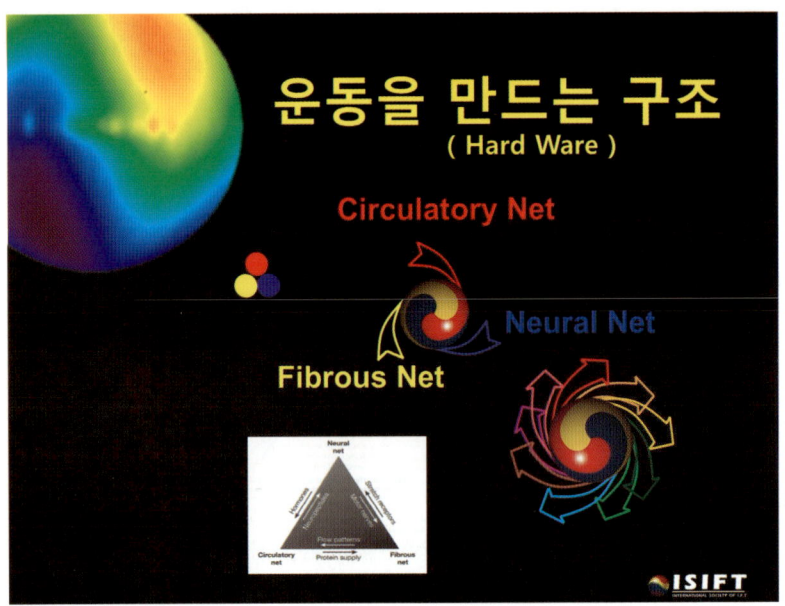

　눈, 전정기관 그리고 관절에서 입력된 신호를 통합하여 운동을 수행하는 우리 몸의 구조물은 순환계, 신경계, 근골격계입니다. 그러므로 운동을 디자인할 때 이 모든 것을 고려하여야 합니다.

　이상적인 운동프로그램은 먼저 눈과 전정기관 그리고 고유수용성을 길러주며 순환계, 신경계 또 근골격계의 기능을 향상시키는 운동이 되어야 합니다.

 다음으로 이상적인 운동이 되려면, 언제 어디서 누구든지 할 수 있어야 합니다. 노인과 아동, 장애인, 환자 누구에게나 적용할 수 있는 운동이론이 필요합니다.

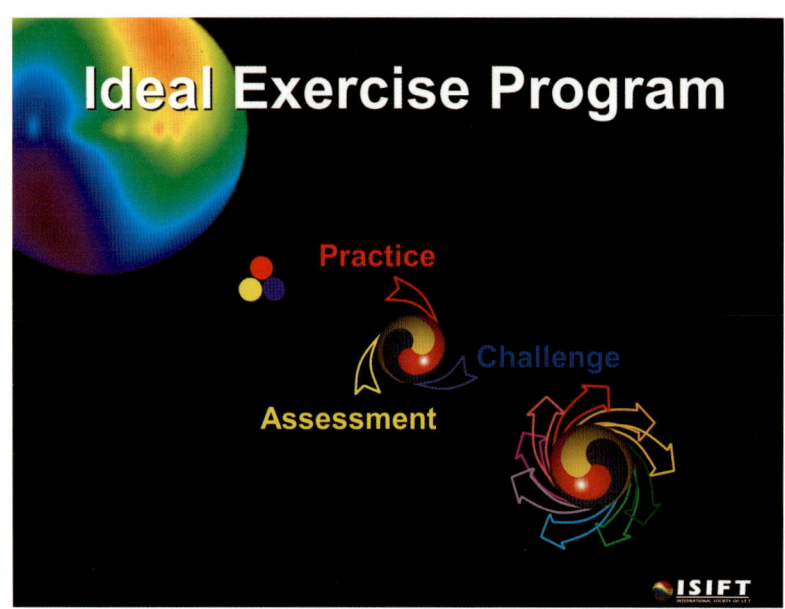

또 이상적인 운동프로그램이 되기 위해서는 연습(Practice)과 도전(Challenge) 그리고 평가(Assessment)가 동시에 이루어질 수 있어야 합니다.

또 열린사슬운동(Open Kinetic Chain Exercise)과 닫힌사슬운동 (Closed Kinetic Chain Exercise)이 하나로 통합된 운동이어야 합니다.

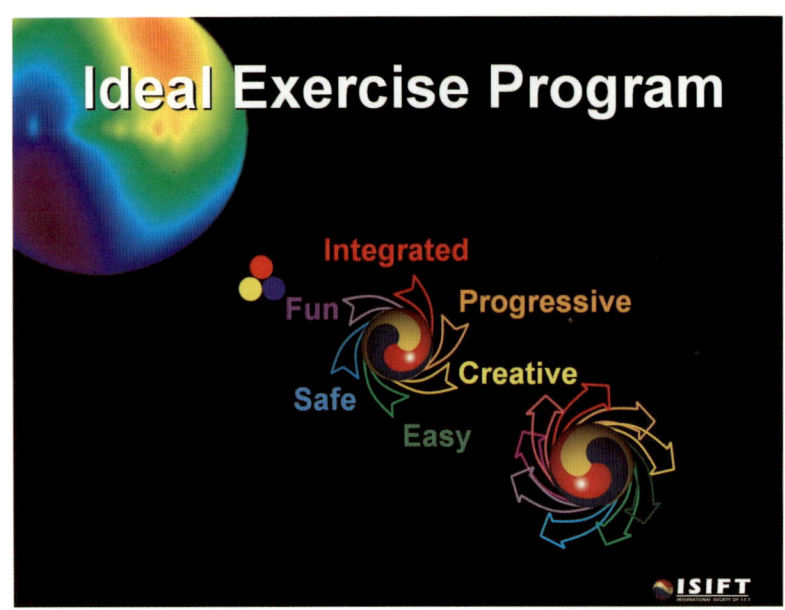

또 이상적인 운동프로그램은 통합적(Integrated)이며, 수준별 적용이 가능해야 하고(Progressive), 창조적(Creative)이며, 쉽고(Easy) 안전(Safe)하고 재미(Fun)가 있어야 합니다.

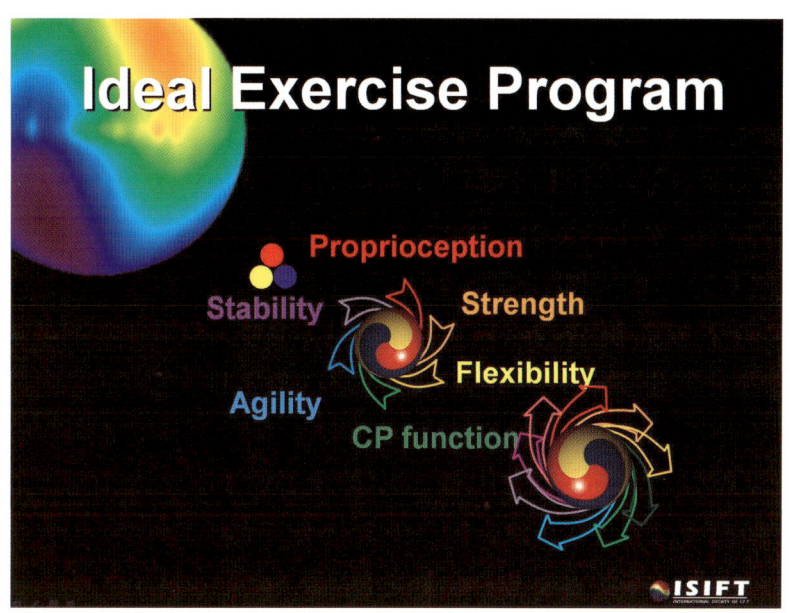

 또 이상적인 운동은 신체기능의 기본 요소인 근력, 유연성, 심폐지구력, 순발력, 안정성, 고유수용성을 동시에 구현할 수 있어야 합니다.

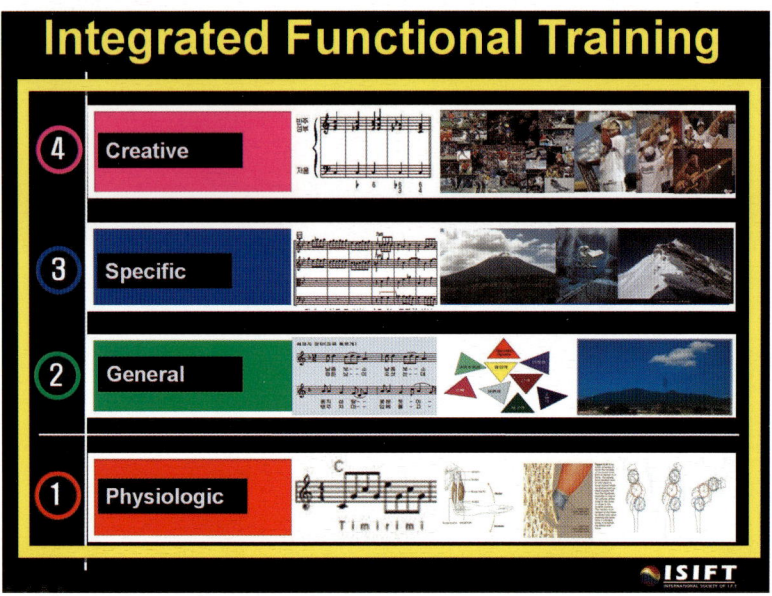

4단계 진보이론으로 운동을 보면 운동도 다음과 같이 4단계로 나눌 수 있습니다.

1단계 운동은 마사지나 카이로프락틱 같은 수동적인 운동으로 통증 없이 살아가는데 가장 기본적으로 필요한 기능, 즉 관절의 가동이나 기본적인 근력, 유연성의 회복을 위한 운동 프로그램입니다. 음악에 비유하면 기본적인 1,3,5도 화음과 같은 것입니다. 이것을 저는 생리적인 운동(Activity Physiologic Exercise) 혹은 Exercise 1.0이라 부르고자 합니다.

2단계 운동은 주로 기계나 기구를 이용하여 개별 근육이나 근력, 유연성, 심폐지구력 같은 운동의 각 요소를 훈련시키는 운동프로그램입니다. 음악에 비유하면 기본적인 멜로디 수준의 음악이며, 등산에 비유하면 야산을 오르는 정도 수준의 운동입니다. 이것은 일반적 운동(Activity General Exercise) 혹은 Exercise 2.0이라할 수 있습니다.

3단계 운동은 주로 체중이나 중력, 짐 볼이나 밴드, 슬링 같은 각종 소도구들을 활용하여 근육의 그룹이나 동작(Movement)을 훈련시키는 운동프로그램입니다. 음악에 비유하면 복잡한 악보의 곡을 연주하는 것, 등산으로 치면 에베레스트 같은 특정한 산에 도전하는 것과 같습니다. 이것은 어렵기는 하나 반복적인 훈련을 통해 성과를 이룰 수 있습니다.

이런 운동을 특이적 운동(Activity Specific Exercise) 혹은 Exercise 3.0이라 부르고자 합니다.

4단계 운동은 운동성, 즉 Kinesthesia를 길러주어 연습하지 않았던 동작이나, 시합 중 창조적인 플레이를 할 수 있게 해 주는 운동프로그램입니다. 음악으로 보면 악보는 단순하나 자유로운 애드립으로 그때그때 분위기에 따라 다르게 연주하는 것과 같습니다. 반복적이며 형식이 정해진 플레이로는 세계적인 수준의 선수가 되기 힘듭니다. 설령 한 번은 이길 수 있다 하더라도 한 번 노출된 다음에는 승리하기 힘듭니다. 일반인 뿐 아니라 국가대표나 엘리트 운동선수들의 훈련프로그램도 특정기술을 익힐 때는 반복적인 훈련이 필요하지만, 시합에서 승리하고 부상을 방지하기 위해서는 창조적인 운동을 시행하여야 합니다.

이러한 운동을 저는 창조적 운동, Sports Creative Exercise 혹은 Exercise 4.0이라 부르고자 합니다.

이상적인 운동이 되기 위한 마지막 조건은 이러한 1단계부터 4단계 운동이 모두 가능한 운동프로그램이어야 합니다.

그런데 제가 2003년부터 병원내에서 운동센터를 운영하면서 보니 이런 요소들을 다 충족하는 운동프로그램을 찾을 수가 없었습니다. 국민운동은 이러한 운동의 모든 본질적 가치와 요소들을 만족시키는 통합적 운동 프로그램이어야 합니다.

저는 우리나라에 국민운동프로그램이 꼭 필요하다는 생각으로 이 모든 것을 담을 수 있는 이상적 All-in-One 운동프로그램을 창안하고자 하였습니다.

그리하여 2008년 저는 삼원색 창조원리에 입각한 이상적인 운동법으로써 〈통합기능운동 : IFT운동 Integrated Functional Training〉을 창안하였습니다.

통합기능운동은, 운동재활계의 오랜 숙제인 열린사슬운동과 닫힌사슬운동을 기능적으로 통합하였을 뿐 아니라 근력, 유연성, 지구력, 순발력, 심폐지구력, 안정성 그리고 고유수용성 등 신체의 7대 기능을 동시에 통합적, 다면적으로 훈련시킬 뿐 아니라 역동적이면서도 부하의 조절이 자유롭고, 안전하고 재미있는 운동프로그램으로 일반인은 물론 환자로부터 유아, 노인 그리고 국가대표에 이르기까지 대상과 종목의 구별이 없이 자유롭게 수준에 따라 적용할 수 있는 최신 개념의 Exercise 4.0 운동 프로그램입니다. 통합기능운동은 체육관뿐 아니라 가정과 사무실 등 어느 곳에서든 운동을 가능하게 하여 생활공간을 디자인하는데 있어 운동을 필수적으로 구성할 수 있게 해 줌으로써 전체 휘트니스 산업 뿐 아니라 국민들의 생활양식에 큰 변화를 예고하고 있습니다. 또한 전국의 운동 전문가 그룹과 함께 국제적인 조직을 만들고, 또 지도자 양성과 보급을 통해 이를 국민운동으로 승화시키고자 노력하고 있습니다.(다음카페 IFT 통합기능운동 http://cafe.daum.net/I.F.T.C)

Integrated Functional Training
표준통합기능운동

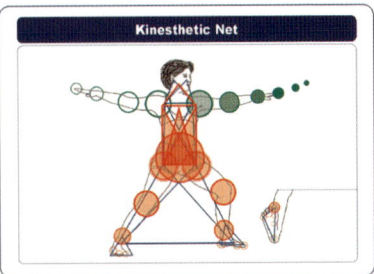
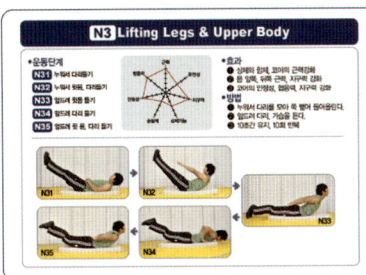
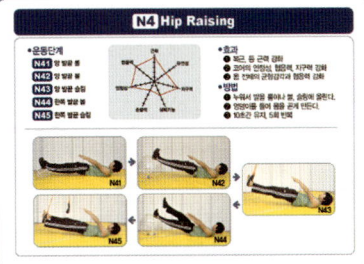

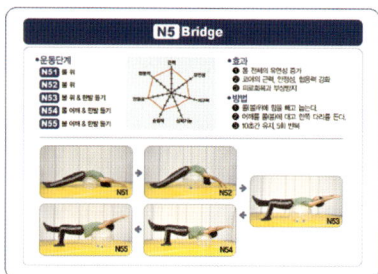
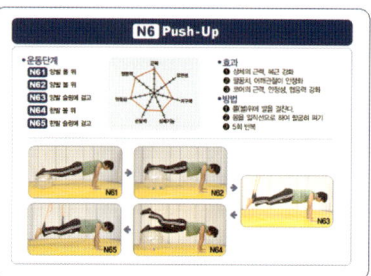

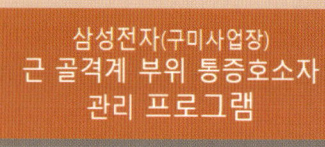
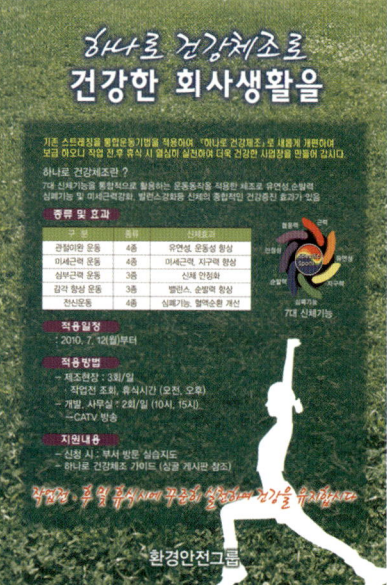

2010년에는 삼성전자 구미사업장 1만2천 명 직원들을 위한 '하나로 건강체조(All-In-One Exercise)'를 개발하여 시행하였습니다. 하나로 건강체조는 신체의 7대 기능인 근력, 유연성, 지구력, 심폐기능, 순발력, 안정성, 고유수용성을 동시에 향상시키고자 언제 어디서나 누구나 할 수 있는 국민운동 프로그램입니다. 또 벤처기업(네오피지오텍 www.neophysio.com)을 설립하여 네오슬링과 밸런스보드 등 새로운 개념의 운동도구들을 개발하여 세계로 진출할 준비를 하고 있습니다.

　　좋은 운동이론이 있으면 그 이론을 바탕으로 운동도구들이 개발되고, 다양한 운동프로그램이 생기며, 지도자가 필요하게 됩니다. 즉 새로운 일자리가 창출되며 새로운 산업이 형성되는 것입니다. 저는 운동이야말로 국민건강을 지키는 가장 좋은 방법이며, 진정한 그린 산업이며 운동을 통해 사회와 국가를 혁신할 수 있다고 생각합니다.

하나로 건강체조

1. 부드러운 관절이완으로 유연성회복과 운동성 향상
2. 심부 근육강화로 신체 안정화, 지구력 향상
3. 감각운동 능력 향상으로 협응력과 능동적인 밸런스 회복
4. 전신운동을 통한 균형 잡힌 몸매관리, 심폐기능향상

=> **하나로 (All in One)**
=> 근골격계 질환 예방 및 생산성 향상

번호	동 작 명	사 진
1	숨 고르기	
2	온몸 비틀기	
3	목 당기기	
4	목 크게 당기기	

5	목 크게 돌리기	
6	어깨 당기기	
7	어깨・골반 돌리기	
8	몸 돌려 균형잡기	
9	무릎 펴고 허리 구부리기	
10	한발로 서서 균형 잡기	
11	어깨・몸통 돌리기(1)	
12	어깨・몸통 돌리기(2)	
13	양팔 뻗어 온몸 흔들기	
14	온몸 흔들며 교대로 팔 뻗기	

15	좌우로 뛰기 및 돌기	
16	무릎 구부려 반동주기	
17	제자리 뛰면서 머리위로 박수치기	
18	숨 고르기	

천정의 현수점이 하나인 네오피지오 원-슬링(One-Sling)으로 하는
통합기능운동(IFT)

짐볼과 원-슬링으로 하는 Exercise 4.0 통합기능운동(IFT)

미래의 통합기능운동 지도자양성 프로그램

언제 어디서나 누구나 할 수 있는 통합기능운동(IFT)

통합기능운동의 국제화를 꿈꾸며 제8차 IFT전문가 세미나를 마치고, 화이팅!

통합기능운동의 최고 난이도 중 하나인 에어밸런스보드 위에서 스쿼트

운동을 통해 세상을 바꾸고 싶어하는 저자의 기업체 특강 모습.

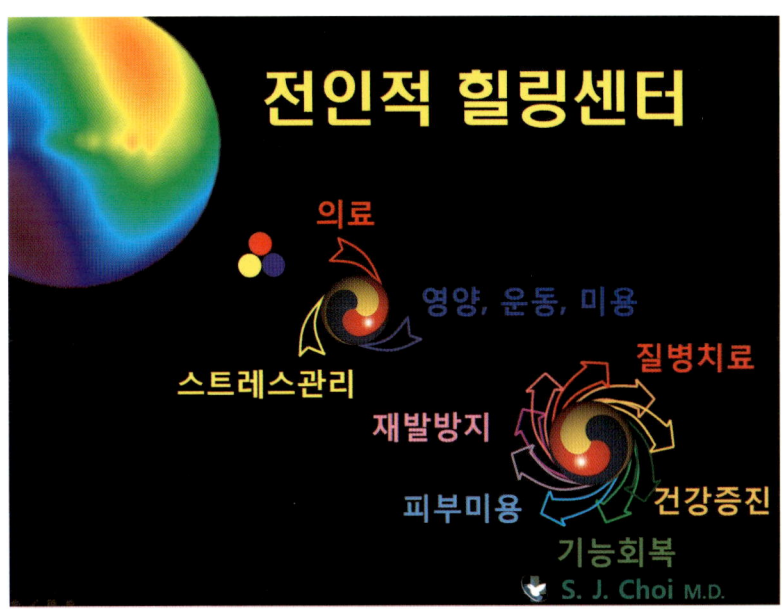

지금의 병원은 세분화된 질병관리 위주의 시스템으로 구성되어 있습니다. 어떻게 보면 사람을 치료하는 것이 아니라 질병을 치료하는 것이 현재의 병원 구조입니다.

이제는 병원도 달라져야 합니다. 제가 꿈꾸는 병원은 사람을 치료하는 병원입니다. 앞으로의 병원은 질병을 치료할 뿐 아니라 질병을 예방하고 재활, 재발방지, 더 나아가 건강증진 프로그램을 제공하는 전인적 병원이 되어야 합니다. 그것을 위해서는 의료 뿐 아니라 영양, 운동, 스트레스 관리 등 각 분야의 전문가들이 한자리에 모일 수 있는 신개념의 병원시스템이 필요합니다. 새로운 개념의 전인적 치료를 위한 병원이 생기면 새로운 일자리가 생길 것입니다. 저는 〈평화신경외과〉를 〈전인적 힐링센터〉로 발전시키기 위해 도전하고 있습니다. 언젠가 제 꿈이 이루어지는 날까지 포기하지 않고 한 걸음씩 앞으로 나아갈 것입니다.

저는 신경외과 전문의로서 삼원색 창조원리를 저의 삶에 적용하여 병원시스템을 새롭게 만들었고, 혁신적인 운동법인 통합기능운동

(IFT)을 창안하고 협회를 설립하여 보급하고 있으며, 벤처기업(네오피지오텍)을 설립하여 건강관련 제품을 생산하고 있습니다. 저의 경우에서 보듯이 〈삼원색 창조원리〉를 적용하면 모든 사람이 자신의 삶 속에서 창조적 발전 방안을 찾을 수 있으며, 더 나아가 우리나라가 혁신적인 창조사회와 창조국가가 될 수 있다고 확신합니다.

에필로그

　회색분자란 생각이나 사상이 분명하지 못하는 사람을 일컫는 말인데 어느 한쪽에서도 환영받지 못하는 존재를 뜻합니다. 우리 사회는 흑이면 흑이고 백이면 백이지 회색을 싫어합니다. 우리나라의 정당들은 서로 다른 가치를 내세우고 있고 어느 한쪽이 정권을 잡으면 자기들의 가치를 실현하기 위해 할 수 있다면 날치기 통과까지 하고 몸싸움도 불사합니다. 자신의 색깔로 세상을 칠하고 다른 색은 다 지우고 싶어 합니다. 그래서 정권이 바뀔 때마다 보수로, 진보로 그야말로 우왕좌왕하게 되는 것입니다. 이런 구조에서 더 이상의 발전을 기대하기란 힘든 일입니다.

　이젠 주리론(동인)과 주기론(서인), 좌익과 우익, 적과 아군, 진보와 보수, 이론과 실제, 동양적 가치와 서양적 가치와 같이 분열과 대립, 갈등할 수밖에 없는, 흑과 백의 선택을 강요하며 회색조차 받아들이지 못하는 경직된 흑백의 시대는 끝내야 합니다. 그러기 위해서는 이러한 흑백의 구도에서 벗어날 수 있는 새로운 이론, 원리가 필요합니다.

　이 시대를 나타내는 가장 중요한 키워드는 단연 〈융합〉과 〈창조〉

입니다. 그러나 서로 다른 가치를 융합할 뿐 아니라 새로운 창조까지 이어가는 것은 쉬운 일이 아닙니다. 이때 이것을 가능하게 해주는 것이 흑백논리가 아닌 삼원색 원리입니다. 빨노파가 각각 그대로 있으면 세상에는 빨노파 세 가지 색깔밖에 없겠지만 빨노파가 자신을 내어주고 다른 색을 받아들이게 되면 함께 수많은 새로운 색깔을 만들 수 있습니다. 〈삼원색에서 배운 융합과 창조의 원리〉는 화목(Reconciliation)으로 이룬 〈관계적 통합(Relational Integration)〉을 통한 창조입니다.

삼원색이 모여 여러 가지 색깔을 만들어 내며, 여러 장기가 모여 다양한 인체활동을 만들어내듯이 자신만의 뚜렷한 가치관을 가짐과 동시에 다른 사람의 가치관을 존중하고 용납하고 받아들이고, 열정을 갖고 도전한다면 우리 모두 함께 세상에 없던 새로운 가치를 창조할 수 있습니다. 모두가 자신만의 색깔을 갖고 다른 색과 어울려 또 다른 색깔을 만들어내는 아름답고 다양한 컬러의 시대를 열어야 합니다. 컬러의 시대는 극단적인 흑과 백의 가치가 존중받는 시대가 아니라 새로운 컬러가 존중받는 시대, 다양성의 시대, 창조의 시대가 될 것입니다.

저는 〈삼원색 창조원리〉를 통해 우리 민족과 우리나라가 창조적 개인, 창조적 사회, 더 나아가 창조적인 국가가 되어 전 세계의 다른 민족과 국가에 좋은 영향을 미칠 수 있는 그날을 꿈꿉니다. 지금이 우리나라가 세계의 리더 국가로 도약할 수 있는 절호의 기회입니다. 우리에게 주어진 이 천재일우의 기회는 두 번 다시 오지 않을지 모릅니다.

'홍익인간 이화세계'의 위대한 꿈이 이루어지는 그 날을 꿈꾸며……

2014년 2월　　**최 상 준**

권말부록

••• 칼럼

명품 •••
헌 집 줄게 새집 다오 •••
통증, 저주인가 축복인가 •••
두 종류의 병, 두 부류의 의사 •••
수석과 함께 하는 즐거움 •••
물 같은 운동, 콜라 같은 운동 •••
근골격계 질환, 전 국민 직업병이라고? •••
피지오에너지(Physioenergy)와 통합기능운동(I.F.T) •••
인간중심의 의료를 꿈꾸며 •••
힘내라, 대한민국 IT! •••
하이힐, 그 치명적인 유혹 •••
인간중심의 의료를 꿈꾸며 •••
골프, 안정성(Stability)과 역동성(Dynamic)의 조화 •••

••• 보도자료

평화연합신경외과의 환자 맞춤형 비수술적 디스크치료 •••
'새로운 의료서비스의 시작', 평화신경외과 •••

명품(名品)

구치, 루이비통, 알마니, 샤넬, 버버리, 벤츠…… 이름만으로도 가슴 뛰게 하는 명품(名品) 한두 개 갖고 있지 않으면 대화에 낄 수도 없는 세상이지요.

그런데 많은 명품 중 굳이 하나만 고르라고 하면 뭘 고를까요?

명품 중의 명품, 그건 바로 우리 '몸'입니다. 하나님께서 하늘과 땅의 모든 피조물을 만드신 후 노하우를 총집결해서 마지막에 만든 것이 우리 인간 아닙니까. 하나님이 보시기에도 심히 좋았다고 하셨으니 참으로 신묘막측하다고 할 수밖에 없지요. 우리는 하나님의 명작을 부모님을 통해 '그냥' 받은 것이지요. 그런데 너무나 신묘막측하다 보니 이 명품의 수많은 기능을 다 알지 못하고 살아가는 사람이 너무나 많습니다. 아니 대부분의 사람들은 그 기능을 다 쓰지 못하고 생을 마치지요. 안타깝게도.

젊은이는 최신 명품이긴 하지만 아직 그 용도를 잘 알지 못하여 제대로 쓰지 못하는 경향이 있고, 중년이 되면 청년 때보다는 다양하게 쓰지만 역시 자신을 어떤 한계 속에 미리 규정짓는 경향이 있고, 노년에는 낡아버린 몸을 보며 실의에 빠지는 수가 많습니다.

젊어서 고생은 사서도 한다는 말이 있지요? 명품 기능을 쓸 필요 없이 편하게 사는 것보다 고생하며 부딪치다 보면 명품인 자신의 가치를 새롭게 발견하는 수가 더 많다는 말이겠지요. 중년들도 새로운 일에 도전하다보면 자신의 가치를 재발견하는 수가 많이 있습니다. 노년이 돼도 명품은 명품이지요. 적절한 운동과 알맞은 식사, 긍정적인 생각, 주신 이에 대한 믿음과 감사를 갖는다면 좀 오래된 것이긴 해도 역시 명품으로서의 가치를 보일 것입니다.

그런데 우리 몸은 창조주께서 목적을 갖고 만드셨고, 이 땅에 보내시면서 우리에게 관리책임을 맡기셨습니다. 그 목적을 알게 되는 것을 사명의 발견, 소명(Calling)의식이라 하지요. 이 명품을 원래 창조의 목적대로 쓸 수 있다면, 그것도 하나님의 후원을 받아 쓸 수 있다면 세상을 바꿀 만한 능력을 발휘하는 것입니다.

그렇다면 우리가 할 일은 감사함으로 이 명품을 받고, 관리자로서 창조의 목적을 발견하여 잘 쓰려고 노력하는 것, 항상 하나님의 뜻을 알고자 노력하는 것이겠지요. 이 명품에 대하여 의심하면서 감사하지 못하고 심지어 자신이 명품임을 알지 못하고 살아간다면 얼마나 불행한 일일까요? 또 그 명품을 만들어주신 그 분은 얼마나 슬퍼하실까요?

거울을 보세요.

세상에 하나 밖에 없는 명품(名品)이 보이나요?

(2007. 5. 18)

헌 집 줄게 새집 다오

어릴 적 "두껍아 두껍아 헌 집 줄께 새집 다오." 하면서 모래집을 만들던 기억나시지요? 또 나무꾼이 나무하러 갔다가 신선들과 바둑 한 판 두고 내려오니 부인이 호호백발 할머니가 되었더라는 얘기며 젊어지는 샘물 얘기 등등도 생각나시지요? 많은 사람들이 '만약 젊어진다면' 하는 꿈을 꾸니까 그런 얘기들도 지어낸 것 같습니다.

어마어마한 병원에서 화려한 경력을 가진 의사가 여러분들께 병을 고쳐주고 젊음을 찾아드린다고 하면 거의 대부분 사람들은 그 말을 믿겠지요. 아마 수술을 권하든 뭘 하라고 하면 당연히 해야하는 줄 알거나, 아니면 특권의식까지 발동해 "누구 알지? 나 누구에게 수술 받았어. 거기서 치료받고 있어." 그렇게 자랑삼아 말할지도 모릅니다.

그런데 한 가지 간과하는 것이 있습니다. 아무리 화려한 경력의 의사가 세계최고의 의술을 베푼다 하더라도 우리 몸을 만들어내지는 못한다는 사실이지요. 전자제품이라면 생산공장이 있고 부품이 있어 언제든 수리나 원상복귀가 가능하지만 사람은 만드는 공장도 없고, 부품도 없으니, 아무리 용한 의사라 하더라도 자신의 힘만으로 질병 전으로 원상복귀 시킬 수는 없습니다. 만약 어느 의사가 자신의 학문에 도취되어 우리 몸에 대해서 모든 것을 알고 있는 듯 말한다면 착각도 이만저만한 착각이 아니겠지요.

지금의 첨단 의학은 시간이 지나면 다 구닥다리가 되고 더 새로운 이론이 나옵니다.

그렇습니다. 우리 몸은 만든 공장도 없고, 대치할 수 있는 부품도 없습니다. 최선의 방법은 각자가 몸의 주인이 되어 창조주가 주신 몸 그대로 감사하게 잘 보존하고 오래오래 잘 쓰려고 노력하는 것입니다. 새집 달라고 할 것이 아니라 비록 헌 집이지만 잘 관리하여 오래 보존하는 것이 최선의 방법입니다.

그러면 의사는 할 일이 없는 것일까요?

아닙니다. 요즘 기상예보 때문에 말들이 많지요? 의사들의 가장 중요한 역할은 환자의 현재 상태에 대한 정확한 인식을 하는 것이며, 또한 교육을 통해 우리 몸의 바른 사용방법을 가르쳐주고, 좋지 못한 결과가 예상될 때 미리 예보하여 더 큰 피해를 막을 수 있게 하고, 일단 유사시에는 가능하면 그 피해를 최소화할 수 있게 방법을 강구하는 것입니다.

만약 집이 허름하다고 하여 다 부수고 새로 짓겠다고 한다면 큰 부작용을 초래할 수 있습니다. 수술은 잘 되었다고 하는데 환자가 느끼는 삶의 질은 수술 전보다 못한 경우가 생길 수 있지요.

환자의 나이가 많을수록, 기계가 오래되어 낡을수록, 증상이 오래 됐을수록 그것을 해결하는 제일 좋은 방법은, 무조건 용한 의사만 찾아가면 알아서 해주겠지 하는 마음보다 기계 주인이 닦고 기름 치듯 환자자신이 자기 몸의 관리자로서의 역할을 충실히 하는 것입니다. 적절한 영양섭취와 알맞은 휴식, 꾸준한 운동, 자기에게 맞는 의사와의 좋은 관계유지가 건강을 지키는 가장 좋은 방법입니다.

유난히 추웠던 긴 겨울이 지나고 만물이 기지개를 켜는 새봄이 창문 밖까지 와있습니다. 집안 구석구석 대청소도 하고 또 용기를 내서 새롭게 구조도 바꾸어보고, 외벽엔 아름다운 색깔을 칠해봅시다. 그리고 한 번 둘러보세요. 역시 하나님이 주신 내 집이 최고죠? 누가 새집 열 채를 준다고 해도 절대 바꿀 수 없지요?

(2010. 3. 12)

통증, 저주인가 축복인가

생로병사는 정한 이치입니다. 이것뿐이라면 그래도 좋으련만 통증으로 인한 고통 때문에 괴롭고 죽는 것이 두렵지요. 제발 통증 없이 살다가 자는 듯 하늘나라 가고 싶다는 것이 많은 사람들이 바라는 것입니다.

그런데 통증이란 살아있는 한 피할 수도 없고, 살아가는데 필요한 것이기도 합니다. 창조주가 우리에게 생명을 주시면서 또 하나의 선물로 주신 것이 바로 이 '통증'입니다.

우리를 고통스럽게 만드는 질병을 크게 두 가지로 생각해 보면, 하나는 암이나 맹장염처럼 어느 날 갑자기 불쑥 닥치고 치료도 의사에게 전적으로 의존해야 하는 병이 있고, 또 하나는 요통이나 당뇨, 관절통 등 자신의 삶의 결과로 생기는 병으로, 치료도 의사의 일방적인 치료만으로 나을 수 없는 병이 있습니다.

'통증'은 '병'이 아닙니다. 우리 몸이 보내는 'SOS신호'입니다. 우리 몸이 뭔가 잘못돼가고 있다고 알려주는 '알람'입니다. 말하자면 '통증'은 우리 몸이 보내는 '대화신청'인 것이지요. '통증'은 피하려하지 말고 가슴으로 안아주세요. 그래야 이길 수 있습니다.

아이들이 우는 이유가 다르듯이 '통증'의 원인 또한 사람마다 다 다릅니다. 무조건 통증을 없애는 치료보다 더 중요한 것은 먼저 통증의 '원인을 이해'하는 것입니다. 통증의 원인이 뭔지 이해해야 통증을 이길 수 있으니까요.

머리, 목, 어깨, 허리통증 전문클리닉 〈평화연합 신경외과〉는 여러분이 통증의 원인을 '바로 알고' '이해하고' '이길 수 있게' 도와드립니다.

통증에는 두 가지 통증이 있습니다.

한 가지는 생리적 통증(Physiologic Pain)이고 다른 하나는 병적 통증(Pathologic Pain)입니다. 생리적 통증은 우리 몸에 이상이 오기 전에 미리 경고해주는 통증이고, 병적 통증은 이미 몸에 이상이 생겼을 때 나타나는 통증입니다.

아래의 표를 보세요.

병적 통증이 있을 때는 반드시 병원에 가서 의사의 지시에 따라야 합니다.

처음부터 병적 통증이 오는 경우는 흔치 않습니다. 주로 암이나 혈관질환(뇌졸중, 동맥파열 등)들은 평소에 거의 증상이 없다가 갑자기 통증이 발생하는데, 그때는 이미 손을 쓰기 힘들 때가 많이 있습니다. 그러므로 그런 병들은 통증이 오기 전에 미리 검사를 해서 조기진단, 조기치료를 해야 합니다.

생리적 통증	병적 통증
가만히 있으면 안 아프다	가만히 있어도 아프다
강도나 빈도가 점점 약해진다	강도나 빈도가 점점 심해진다
잘 때는 낫다	통증으로 잠을 못 잔다
2주 이내로 증상이 소실된다	2주 이상 증상이 지속된다
이학적 검사(진찰)상 정상이다	이학적 검사에 이상소견이 있다
일반적인 치료에 호전이 있다	일반적인 치료에 호전이 없다
통증이 돌아다닌다	통증이 한 곳에 집중되어 있다

그러나 우리가 겪는 대부분의 목 허리 통증은 생리적 통증 즉 우리 몸에 큰 탈이 나기 전에 미리 알려주는 고마운 통증입니다. 대부분의 생리적 통증은 근막과 같은 연부조직의 반복적인 자극으로 인한 통증이며, 시간이 지나면서 서서히 소실됩니다.

정밀검사로서 CT나 MRI의 의미

CT나 MRI에 보이는 대로 아파주고, 그대로 치료해서 낫는다면 얼마나 좋을까요.

그러나 현실은 그렇지 않습니다. CT와 MRI는 사람의 외모를 보는 것과 같습니다. 선을 보고 중요한 결정을 할 때 그 사람의 외모만 보지는 않지요? 사람이 착하게 보이지만 못된 사람도 있고, 성깔 있게 보이지만 유순한 사람도 있는 것과 마찬가지로 CT나 MRI 소견에 의한 방사선학적 진단은 실제 치료를 위한 임상적 진단과는 다른 경우가 많습니다.

목 허리 정밀검사로 CT, MRI를 찍었는데 병원마다 설명이 달라요. 왜 그런가요?

같은 검사 결과를 두고 디스크, 척추관 협착증, 퇴행성척추염 등 병원마다 진단도 다르고 또 권하는 치료도 수술적 치료부터 척추신경성형술, 통증주사요법 등 서로 다른 경우가 종종 있어서 환자분들이 난감해하는 경우가 많습니다.

의사에게 필요한 가장 기본적인 능력 중 하나는 이 두 가지 통증을 구별하여 치료를 하는 것입니다.

그런데 이 두 가지를 구분하는 것이 무척 애매할 때가 많이 있습니다. 특히 요통이나 경추통, 팔다리의 통증이 있을 때 이러한 통증이 디스크, 협착증, 척추증 등 병으로 인한 것인지 혹은 우리 몸을 보호하기 위한 방어작용으로 나타나는 생리적 통증, 즉 검사상 나타나지 않는 연부조직의 자극으로 인한 증상인지 구별하기는 쉽지 않습니다.

하지만 그것을 제대로 구별할 수 있어야 비로소 척추전문 의사가 될 수 있습니다. 그런데 현실은 아쉽게도 CT나 MRI 등 눈에 보이는 검사만으로, 또 단지 통증만으로 척추 수술이나 신경성형술을 결정하는 병원이 자꾸만 늘고 있어 걱정입니다. 아무리 주사로 치료한다고 하지만 신경성형술 같은 시술은 만약 문제가 생기면 엄청난 결과를 불러일으킬 수 있으므로 면밀한 검토와 충분한 경과 관찰 후 꼭 필요한 경우에 한하여 제한적으로 시행되어야 합니다.

'퇴행성 관절염', 낫지 않는 병?

허리, 어깨, 무릎이 아파서 병원에 갔는데 여러 가지 검사를 하고는 "퇴행성인데 수술해도 결과는 장담할 수가 없고 그냥 그때그때 약 먹고 물리치료하면서 지내는 수밖에 없다."는 말을 듣고, 이젠 죽을 때까지 이렇게 아픈가보다 싶어 실의에 빠져 있는 분이 많은 것 같습니다. 물론 사람의 일생은 태어나서 일하고 늙고 병들어 죽는 것이지요. 마치 자동차 같은 기계가 새 차에서 중고가 되고 결국 폐기 처분되는 것과 마찬가지입니다. 그런데 가만히 보면 자동차도 주인이 부지런하여 닦고 기름 치는 사람은 몇 년이 지나도 새 차처럼 쓰고, 게을러 세차 한 번 제대로 하지 않고 비포장길을 마구 달리는 사람의 차는 얼마 지나지 않아 고물이 되는 것을 봅니다. 우리 몸도 바른 자세로 생활하고 운동도 열심히 하면서 잘 관리하는 사람은 오래 안 아프고 건강하게 잘 살 수 있지만, 게을러 나태하거나 좋지 못한 습관이나 지나치게 몸을 많이 쓰는 사람은 결국 요통이나 각종 통증으로 고통 받게 됩니다.

세월이 가면서 "아프지 않고 살았으면······." 하는 것은 누구나 큰 바람이지요. 그런데 앞에서 이 통증은 우리가 살아가는데 꼭 필요한 것이고, 우리에게 생명을 주신 조물주가 주신 또 하나의 선물이라 말씀드렸지요? 아니, 우리를 사랑하시는 하나님이 좋은 것도 아니고 '통증'을 선물로 주셨다구요?

그렇습니다. 우리 몸은 머리가 명령을 내리면 각 지체가 명령을 수행하는 구조로 되어있는데 중앙통제 장치인 머리가 명령을 잘못내리면 각 지체에서는 머리로 통증을 보내게 됩니다. 만약에 잘못된 명령을 받고도 통증이 없다면 잘못된 동작을 멈추지 못하게 되고, 우리 팔 다리는 곧 망가져서 못쓰게 되겠지요. 통증이란 머리와 지체가 서로 대화를 나누는 수단인 것입니다. 머리는 명령만 내릴 것이 아니라 각 지체의 목소리, 즉 통증에 귀를 기울여야 합니다. 세월이 가면서 뼈와 연골이 닳고 망가지는 퇴행성 변화는 막을 수 없지만 그래도 우리 몸의 언어인 통증에 귀를 기울이면서 하나밖에 없는 몸을 귀하게 여기고 잘 사용한다면 안 아프게 잘 지낼 수 있습니다.

집에 오래전부터 쓰던 물건들이 있지요? 세월이 흘러 흠집 생기고 삐걱거리고, 아들딸들이 구닥다리라고 제발 버리라 하지만 쓰는 데는 아무 지장 없고, 오히려 손에 익어서 편하고 추억이 담긴 물건이라 더 소중한 것도 있지요? 우리 몸도 이와 같습니다. 비록 퇴행성 변화들로 겉모습은 후패해 초라해지지만 내게는 평생을 함께해온 하나밖에 없는 소중한 몸이지요. 구부러지고 휘어진 다리를 보며 차라리 잘라내고 싶다고 말하지 말고, 그 소중한 '친구의 말(통증)'에 귀를 기울이고 평생 주인 잘못만나 고생 많았다고 말하듯이 부드럽게 만져주면서 위로해주세요. 그러면 거짓말처럼 통증이 사라지고 다시 내게 소중하고 편안한 친구가 되어줄 것입니다. 그래도 안 되면 가까운 병원을 찾으세요. 친절한 전문가들이 아들보다 가까이, 여러분 곁에 있습니다.

퇴행성 질환의 치료에는 치료자(의사)의 역할보다 몸 주인(환자)의 역할이 더 중요합니다. 설령 좀 문제가 있다하더라도 주인이 잘 관리하면 얼마든지 오래오래 잘 쓸 수 있습니다. 늘 기계를 닦고 조이고 기름 치듯 우리 몸을 관리한다면 퇴행성변화들로 인한 각종 통증에서 벗어날 뿐 아니라 활기찬 노후를 맞을 수 있을 것입니다.

(2005. 8. 1)

두 종류의 병, 두 부류의 의사

　수백 수천의 병을 나눈다면 어떻게 나눌 수 있을까요? 제일 흔한 분류는 양성과 악성으로 나누는 것이지요. 양성은 그냥 두어도 낫거나 치료하고 시간이 지나면 좋아지는 병이지만 악성은 치료를 받아도 호전이 없고, 시간이 지날수록 악화되는 병입니다. 대표적인 양성질환은 디스크이고 대표적인 악성질환은 암이지요. 이 두 가지는 치료방침도 다릅니다. 양성질환이라고 판단되면 고가의 검사나 수술을 서두를 필요가 없고 치료를 하면서 충분한 경과관찰을 하는 것이 좋고, 악성질환이라 판단되면 서둘러 검사도 하고 가능하면 빨리 수술 등 적극적인 치료를 하는 것이 그나마 할 수 있는 방법이 되겠지요.
　그런데 환자분들은 병원에서 경과를 보자고 하면 답답해하는 경우가 많은데 오히려 다행스럽게 생각해야 됩니다. 적어도 악성질환은 아니라는 것이니까요.
　또 병을 두 가지로 나눈다면 의사가 고칠 수 있는 병과 의사가 고칠 수 없는 병이 있습니다.
　의사가 고칠 수 있는 대표적인 병은 맹장염처럼 수술로 완치가 가능한 병이고, 또 의사의 힘만으로는 고칠 수 없는 대표적인 병이 요통입니다. 맹장염 같은 병은 환자는 배가 아플 때 병원에 가기만 하면 나머지는 의사가 다 알아서 해줍니다. 다시 재발할 일도 없지요. 그런데 요통은 그 원인이 디스크(수핵탈출)라고 해서 수술만 하면 낫고 다시 재발하지 않는 병이 아닙니다. 그래서 디스크 수술이 요통의 근본적인 치료는 아닙니다. 수술은 통증이 있을 때 통증을 제거하는 수많은 방법 중 하나이지요. 그래서 디스크 수술을 통증수술(Pain Surgery)이라 부릅니다. 그 수핵탈출을 초래한 원인이 따로 있고, 그 원인이 주로 환자의 직업이나 생활습관과 관계가 있기 때문에 수술로써 급한 불을 껐더라도 이후 교육과 훈련을 통해서 디스크돌출의 원인이 된 유해요인들을 없애고 요추골반 리듬을 회복시키고 허리를 강화시켜야만 재발을 막을 수 있습니다.

그런데 그 훈련과 기능의 회복은 치료자가 도울 수는 있지만 근본적으로 환자의 의지에 달려 있지요. 마치 학교에서 선생님이 아무리 가르치려 해도 학생이 공부할 뜻이 없다면 좋은 결과를 기대하기 힘든 것이나 마찬가지입니다.

의사도 두 부류의 의사가 있습니다. 어떤 이는 환자를 하나의 구조물로 보면서 자신의 지식과 기술로 치료하는 의사가 있고, 또 어떤 의사는 환자를 신의 창조물로 여기고 치료하는 의사가 있습니다. 만약에 국보1호인 문화재가 손상되었다면 아무리 자신 있는 전문가라도 선뜻 어떤 결정을 내리기가 힘들겠지요. 하물며 온 우주와도 바꿀 수 없는 사람과 관계된 결정을 내리기란 쉬운 일이 아닙니다.

의사들이 신봉하는 의학지식이란 시간이 흐르면 바뀌는 것이지요. 지금은 '최신'의학이라 하더라도 그것이 곧 '최선'을 의미하는 것이 아닐 수도 있는 것입니다. 아무리 자신이 세계최고의 의사라 하더라도 자신의 한계를 인정해야 합니다. 의학이란 신묘막측한 신의 작품인 인체의 생명현상을 이해하고, 잘 유지될 수 있는 방법을 찾는 것이지, 생명 현상을 조절하고 지배하는 것이 아니기 때문입니다.

의사란 직업은 매순간 생명에 관한 중요한 결정을 해야하고, 그 결정에 책임을 져야하는 참으로 외롭고 고독한 직업입니다. 의사의 힘만으로는 그것을 감당할 수 없습니다. 치료 잘 받았다는 환자들의 한 마디 격려가 우리 의사들에게 새로운 용기를 줍니다.

의사는 경원의 대상이 아니라 우리 인생의 귀하디귀한 동반자입니다.

만약 이 글을 읽으시면서 내 몸을 믿고 맡길만한 의사가 생각나신다면 그것만으로도 여러분은 행복한 사람입니다.

(2007. 2. 28)

수석과 함께 하는 즐거움

20년 전, 인턴을 마치고 입대해 혹독한 장교훈련 후 서울에서도 대여섯 시간 거리에 있는 전방부대에서 군 생활을 시작했다. 아무것도 없던 시절, 막 결혼한 아내와 함께 쥐꼬리만한 중위월급으로 생활하면서 새마을 보일러에 솥뚜껑에다 구운 고구마를 먹으면서 언젠가 이런 날도 그리울 때가 있겠지 하며 서로 마주보며 웃던 생각이 난다. 어릴 적 목장을 하던 아버지 영향을 받아서인지 자연과 벗하여 지내는 것을 좋아하던 내게 주로 영내 대기를 요하는 오지의 부대생활은, 답답함이 아니라 오히려 모든 것이 신기했고 하루하루가 호기심으로 가득 차 있었다. 분재와 석부작 만들기, 괴목 다듬기, 개훈련, 틈틈이 메뚜기와 가재를 잡아서 대대장님과 함께 구워먹기도 하고, 개울에서 목욕하다가 물뱀을 보고 기겁하던 기억도 아련하다.

어느 날 부대관할 내의 포사격장 지형정찰을 가다가 민통선 안에 있는 한탄강을 가게 되었다. 인적이 닿지 않은 탓에 맑은 물과 함께 끝없이 돌밭이 펼쳐져 있었다. 불발탄과 포탄 파편이 널려있었지만 맑은 물속에 까맣게 반짝이는 돌들을 보고 있노라니 어디선가 천하의 명석이 나를 기다리는 것 같아 가슴이 두근거렸다. 그날 이후 나는 수석의 세계로 빠져들었고, 말 못하는 돌들이지만 마음을 달래주는 둘도 없는 벗이 되었다. 지금도 그때 탐석한 돌들을 보고 있으면 그날의 기억들이 파노라마처럼 되살아난다.

그때부터 산이든 강이든 바다든 어디든 돌 있는 곳만 가면 탐석하는 것이 습관이 돼버렸다. 요즘은 수석 산지가 아니라도 어디서건 예쁜 돌들을 잘 찾아낸다. 사람들은 어떻게 이런 돌이 내 눈에만 보이는지 신기해하면서, 나누어주면 모두들 좋아한다.

  수석이 되려면 세 가지 기본이 되어야 하는데, 형과 질과 색이다. 형으로는 산, 섬, 갯바위, 절벽, 평원 같은 경치를 닮은 산수경석, 구멍이 뚫린 관통석, 물이 담기는 호수석, 사물의 형태와 비슷한 물형석, 톡특한 문양이 있는 문양석 등이 있다. 또 석질이 단단하고 마모가 잘 되어있으며, 색이 짙은 것을 최고의 수석으로 꼽는다. 따라서 탐석 요령은 우선 돌밭을 살펴보며 석질이나 주변 암석의 구성을 보고, 어떤 형태의 수석을 탐석할 것인지 생각해 두고 돌밭을 살펴 나간다. 짙은 색깔에 마모가 잘 된 돌, 혹은 문양이 있는 돌, 겉모양에 변화가 많은 돌은 지표면에 조금만 나와 있어도 뒤집어서 전체 모양을 파악하고 깨끗이 씻어 눈높이에서 보면서 수석감이 될지 판단한다.

  오랜 세월 강물에 씻기고 굴러가면서 생긴 기기묘묘한 형상은 경이로움과 호기심 그 자체다. 금방 탐석한 돌들은 모래가 담긴 석반에 두고 물을 뿌리면서(양석) 그 변화를 감상하고, 충분히 양석이 된 수석은 나무로 된 좌대 위에 올려두고 만지면서(애석) 감상한다.

  하루 종일 좁은 공간에서 생활하는 내게 자연을 닮은 한 점의 수석은 언제나 답답한 일상을 달래주고 호기심과 상상력을 키워주며 병원을 찾는 이들에게는 위로를 준다. 바쁜 생활 가운데서 자주 돌보지 않아도 그 자리를 지키다가 눈길, 손길 한 번에 금방 반짝이는 생명을 회복하여 기쁨을 주는 수석은 언제나 내게 충직하고도 소중한 친구다.

  오늘은 수건에 싸서 넣어두었던 수석을 한 점 꺼내서 봄기운과 함께 감상해야겠다.

(2006. 2. 26)

물 같은 운동, 콜라 같은 운동

　조물주가 세상을 창조할 때 식물은 그 자리에 가만히 있어야 잘 살 수 있게 디자인하였고, 동물과 사람은 움직여야 살 수 있게 디자인하였습니다. 그래서 식물은 옮기면 뿌리를 내리지 못하여 죽게 되고, 동물과 사람은 가만히 있으면 욕창이 생기거나 정상적인 생명활동에 지장을 받아 병이 생기게 됩니다. 운동이란 음식, 휴식과 함께 우리가 생존하기 위한 필수적인 요소입니다. 즉 운동이란 해도 되고 안 해도 되는 것이 아니고 우리가 살아가는데 꼭 필요한 것입니다.
　그러나 현대문명의 발달은 우리 인간들에게 자연스런 운동의 기회를 앗아가 버렸습니다. 자동차, 엘리베이터, 컴퓨터 등은 우리를 움직일 필요가 없게 만들었고, 운동하지 않음으로 인해 고혈압, 비만, 당뇨, 뇌심혈관질환 등 수많은 질병이 생겨나고 정상적인 생명활동이 지장을 받게 되었습니다. 그래서 현대인들에게 제일 큰 화제 중 하나는 운동에 관한 것입니다.
　"요즘 무슨 운동하세요?", "허리 디스크에는 무슨 운동이 좋은지요?", "운동해야 하는데 시간이 없어요…….", "우리 나이에는 이런 운동이 좋다고 하던데……."
　'운동'이라고 하면 대부분 사람들은 수영, 테니스, 골프, 헬스, 조깅, 자전거타기, 등산, 배드민턴, 탁구, 볼링, 또 요가, 필라테스, 태극권 같은 종목을 떠올립니다.

그런데 그 수많은 운동을 둘로 나누어 본다면 물과 같은 운동이 있고, 콜라 같은 운동이 습니다. 콜라는 맛있고 짜릿하지만 안 먹고도 살 수 있고, 물은 밋밋한 듯 하지만 우리 생존과 직결되므로 매일 매순간 안 먹으면 살 수가 없습니다. '콜라 같은 운동'은 할 때 재미도 있고, 중독성도 있지만 또 안 해도 살아가는 데 지장이 없는 운동입니다. 수영, 헬스, 등산, 테니스, 골프는 '콜라 같은 운동'이라 할 수 있습니다. 이러한 운동은 재미있긴 하지만 또 안한다고 해서 우리가 살 수 없는 것은 아닙니다.

그렇다면 물과 같은 운동, 우리 생존과 직결되는 운동에는 어떤 것이 있을까요?

'물과 같은 운동'이 되기 위한 가장 중요한 조건은 노인이나 장애인, 유아 등 누구나 때와 장소에 구애받지 않고 할 수 있어야 합니다. 목이 마르면 언제, 어디서라도 물을 마시는 것이 가장 좋습니다. 목마를 때마다 테니스장, 골프장, 헬스장, 수영장에 갈 수는 없지 않겠습니까. 쉽게 누구나 언제 어디서나 할 수 있는 운동이 되어야 '물과 같은 운동'이 될 수 있습니다.

많은 운동센터들이 시설을 자랑하고 고가의 운동장비들을 도입하고 있으나, 특정 시설이나 장소, 특정 기구나 기계를 사용하는 운동은 본질적으로 생존과 직결되는 물과 같은 운동이 될 수가 없습니다. 또한 개별근육이나 몸의 일부만을 위한 부분적인 운동보다는 몸 전체를 운동시킬 수 있는 통합적인 운동, 노인이나 장애인, 어린이, 환자, 운동선수 등 누구에게나 자신의 수준에 맞는 운동이 되어야 하므로 창조적으로 자유롭게 운동의 형태나 강도를 조절할 수 있어야 하고, 또한 재미있어야 합니다.

해도 되고 안 해도 되는 운동이 아니라 우리가 살아가는 데 있어 물과 같이 꼭 필요한 운동, 즉 이상적인 운동이 갖추어야 할 조건은 첫째, 부분적인 개별 근육운동보다는 몸 전체의 기능향상을 고려한 통합적(Integrated)운동이 되어야 하며, 둘째 환자에서부터 일반인, 운동선수까지 단계별 적용(Progressive)이 가능하여야 하고, 셋째 개별적, 맞춤형 운동프로그램이 되기 위해서 창조적 디자인(Creative)이 가능하여야 하고 넷째 언제, 어디서나 때와 장소에 구애를 받지 않아야 하므로 쉬워야하며(Easy) 다섯째 절대적으로 안전해야하고(Safe) 여섯째 아무리 좋은 운동이라도 지속적으로 하기 위해서는 재미가 있어야 합니다(Fun).

이 같은 개념 아래 물과 같은 운동으로 연구 개발된 운동이 바로 통합기능운동(IFT : Integrated Functional Training)입니다.

통합기능운동이란?

통합기능운동은 열린 사슬(Open kinetic chain)운동과 닫힌 사슬(Closed kinetic chain)운동, 등장성 운동과 등척성 운동, 근력과 유연성, 지구력과 순발력, 감각운동훈련, 협응력, 심폐기능강화, 부분운동과 전체적인 운동, 정적인 운동과 동적운동 등 이 모든 것을 각각 따로 구분하지 않고 동시에(All in One) 통합(integration)하였으며, 부하의 조절이 자유롭고 안전하여 다이내믹하고 변화무쌍하게 훈련을 진행할 수 있어 이상적인 통합기능훈련 프로그램으로서 갖추어야 할 모든 요소들을 만족시키는 새로운 운동법입니다.

고전적인 운동과 통합기능운동 개념도

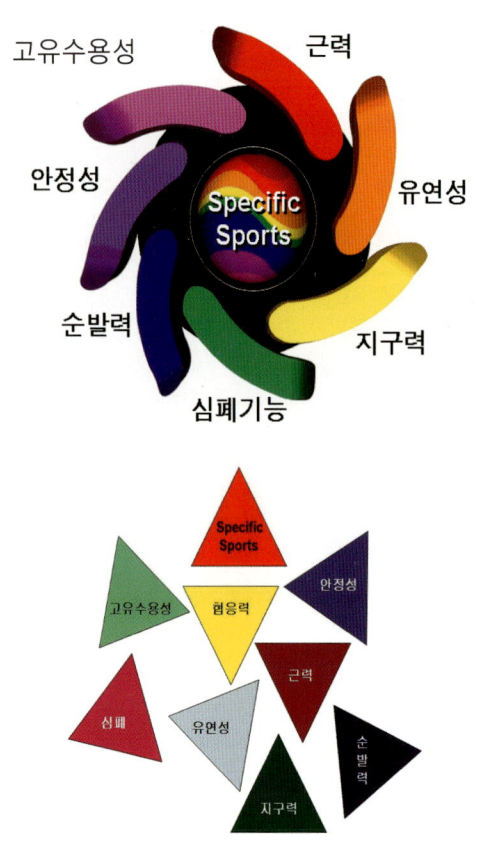

통합기능 운동은 뇌졸중, 편마비 등 신경계 환자, 소아발달장애, 수술이나 부상 후 재활이 필요한 환자들 뿐 아니라 과도한 스트레스나 반복적인 작업으로 만성통증을 호소하는 근골격계 환자나, 유아, 성장기의 청소년, 임신과 출산 후, 성인 및 노인, 운동선수들을 대상으로 각자의 상태와 목표에 맞는 창조적인 수준별 동작들을 통해 부드러운 관절이완으로 유연성회복과 운동성 향상, 효과적인 근력 및 지구력 강화, 심부 근육강화로 신체 안정화, 감각운동능력 향상으로 협응력과 능동적인 밸런스 회복, 순발력 향상, 전신운동을 통한 균형잡힌 몸매관리와 지구력, 심폐기능향상을 동시에 가능하게(All in One)합니다. 또한 무너진 신체 균형과 기능, 손상된 Functional Kinesthetic Net을 효과적으로 신속하게 회복시킴으로써 각종 통증에서 벗어날 뿐 아니라 생활의 활력을 회복하고 근골격계 질환의 예방과 부상방지, 경기력 및 생산성 향상에 기여할 수 있는 통합적 기능 훈련 프로그램이자 신개념의 운동치료법입니다.

물중에서도 '아주 시원하고 맛이 뛰어난 물'과 같은 운동이지요.

(2012. 3. 3)

근골격계 질환, 전 국민 직업병이라고?

근골격계 질환(MSD : Musculoskeletal Disease)이란 장시간 같은 자세로 일하거나 반복적인 작업, 무리한 동작 등 다양한 유해인자(근골격계 부담작업)들이 근육, 힘줄, 관절막, 인대, 신경조직 등 연부조직의 누적손상을 초래하여 비특이적인 자각증상으로 나타나는 질환이다. 과거에는 주로 생산직 근로자들에게서 발견됐으나 컴퓨터 사용이 보편화 되면서 사무직에서도 많이 발견되고 있어 이제는 전 국민의 직업병이라 해도 과언이 아니다.

근골격계 질환은 허리가 아프거나 다리까지 뻗치는 통증, 저림, 목 어깨의 통증과 상지의 저림, 두통 등 다양한 양상으로 나타난다. 그러나 방사선검사나 근전도 검사, 단층촬영, 자기공명촬영 같은 임상검사에 특이소견이 없고 객관적인 진단기준이 표준화 되어있지 않기 때문에 진단에 어려움이 있다. 정밀검사에 이상이 없거나, 판독상 이상소견으로 보이나 임상적으로는 특별한 의미가 없는 수핵의 돌출이나 척추증, 협착증 같은 퇴행성 변화들로 인해 진단과 치료에 상당한 혼돈이 일어나는데 이때 적외선 체열검사가 감별진단에 유용한 검사가 될 수 있다.

실제 디스크나 종양 같은 기질적 요인에 의한 신경통은 근골격계 질환에 비하면 아주 드물다. 요통과 하지의 통증으로 병원을 찾은 환자들 중 80%이상이 근골격계 질환으로 보고되고 있다.

우리 주위에 보면 고가의 정밀검사상 디스크로 진단되어 수술을 권유받았으나 비수술적치료와 요통교육, 운동 치료를 통해 증상의 호전을 보여 정상적인 생활을 하는 사람들을 흔히 볼 수 있다.

'근골격계 질환' 이란 어쩌면 '병'이라기보다는 살아온 자신만의 독특한 삶의 흔적이며 결과라고 할 수 있다. 따라서 근골격계 질환의 치료도 그 환자 개개인의 독특한 원인에 대한 이해가 먼저 있어야 하며, 그 이해를 바탕으로 증상에 대한 치료와 함께 그 원인을 제거하고자 하는 환자와 치료자의 의지와 노력이 있어야만 완전한 치유가 이루어진다. 일단 근골격계 질환이 발생한 후에 치료를 하려고 하면 진단부터 치료과정과 현장복귀까지 여러 가지 애매한 문제들이 따른다. 그러므로 근로자와 안전관리자, 사업주, 그리고 치료자가 서로에 대한 이해와 긴밀한 협조를 바탕으로 유해인자에 관하여 인식을 같이 하고, 유해인자 및 환자 현황 파악, 원인에 대한 이해와 개선의지, 적절한 치료와 적극적인 예방노력이 있어야만 근골격계 질환에서 벗어나 건강한 근로자, 생산성 높은 회사, 활력이 넘치는 선진산업사회를 만들 수 있다.

근로자는 자신의 업무에 숙련될 수 있게 노력하고, 각종 교육과 예방 프로그램에 적극적으로 참여하여야 하며, 안전관리자는 근로조건과 작업환경을 면밀히 검토하여 철저한 교육과 작업환경개선을 통해 유해요인을 미리 제거 하여야 하며, 근골격계 질환 징후 호소자의 조기 발견체계를 구축하고, 환자발생시 신속하고 적절한 조치를 취해야한다.

사업주는 근골격계 질환에 대한 대응이 늦어지면 생산성 저하와 함께 치료와 장애보상 등 관리비용이 더 커짐을 인식하고, 근로자의 애로사항을 경청하며, 환자의 조기발견체제를 구축하며, 확인된 유해요인에 대한 공학적, 관리적 개선을 실시하여야 한다.

치료자는 유해요인에 대한 이해를 바탕으로 증상에 대한 신속한 치료, 조기 현장복귀를 도울 뿐 아니라 각종 건강증진 활동 프로그램을 개발하고, 사업주에게 적절한 조언을 해줄 수 있어야 한다.

(2012. 3. 3)

피지오에너지(Physioenergy)와 통합기능운동(I.F.T)

21세기 지구온난화가 인류생존의 문제로 대두되면서 그린에너지, 녹색산업, 녹색성장이 시대의 화두가 되고 있다. 석유, 석탄 등 화석연료의 사용을 줄이고 대신 자연계에 풍부하게 존재하는 태양열, 풍력, 조력, 지열, 수력, 조류, 핵융합, 원자력 등을 활용하여 전기와 같이 사용 시 열과 이산화탄소를 발생하지 않으면서 저장과 이동이 용이한 친환경 그린에너지를 개발하는 것이 녹색혁명의 핵심이다.

녹색혁명의 중심에 있는 에너지를 그 형태와 효율에 따라 분류한다면 다음과 같이 나눌 수 있다.

1차 에너지는 자연계에 풍부하게 있는 태양열, 풍력, 조력, 지열, 수력을 말하며 이는 즉각 활용할 수는 있으나 사용이 제한적이며, 저장이 힘든 에너지다.

2차 에너지는 개발과정을 거쳐 에너지원으로 활용되는 석유, 석탄, 핵, 가스, 알코올, 수소 등을 말하며, 비교적 저장과 사용이 용이하나 가공이나 사용과정에서 열이나 이산화탄소가 발생하므로 지구온난화의 주범으로 지목받고 있다.

3차 에너지는 1차, 2차 에너지원을 활용하여 저장과 사용이 용이하게 가공된 에너지를 말하며, 원자력 전기에너지처럼 사용이 편리하고 사용 시 자연파괴가 적어 청정에너지(Clean energy)로 불리고 있다.

4차 에너지는 우리 인체가 만들어내는 에너지로써 저자는 이를 '피지오에너지'라 명명하였다. '피지오에너지'는 기능적으로 가장 효율적인 에너지다. 자연계의 식물이나 동물, 물고기, 해조류의 섭취를 통해 에너지를 만들어내며 부산물 또한 재생산을 위한 자연 순환의 일부가 되기 때문에 진정한 '그린에너지'라 할 수 있겠다. 우리 몸속의 '피지오에너지'는 에너지의 생성과 보관이 용이할 뿐 아니라 그 활용도 기계적, 역학적 활용에서부터 예술적, 창조적인 행위까지 활용범위가 무궁무진하다.

오늘 식탁에서 생선 한 마리를 먹었다면 그것은 곧 1,2,3차 에너지를 4차 에너지로 변환하는 과정이라고 할 수 있다. 물고기가 우리 식탁에 오르기까지는 배를 타고 나가서 잡고 이동하고 보관하는 과정에서 1,2,3차 에너지가 쓰였으므로 식탁에 오른 생선은 단순한 물고기가 아니라 에너지의 집합체라 할 수 있다. 그러므로 우리가 그것을 먹고 생명활동에 필요한 '피지오에너지'를 얻는 것은 에너지의 변환으로 표현할 수 있는 것이다. 그렇게 봤을 때 우리가 단지 살을 빼기 위해, 섭취한 칼로리를 소모하기 위해 단순한 동작을 반복하는 운동을 하는 것은 기름을 그냥 태우거나 전기를 낭비하는 것처럼 귀중한 에너지를 무의미하게 버리는 것과 같은 일이다.

'피지오에너지'를 쓸 때는 반드시 새로운 가치의 창조가 있어야 한다. 운동을 할 때도 창조적인 운동을 해야 한다. 아동들에게는 균형성장발달에 도움이 되고, 근로자에게는 직업병과 산재예방, 장애우에게는 재활을, 운동선수에게는 경기력향상과 부상방지를, 노인이나 일반인에게는 통증 없고 활력 있는 삶을 줄 수 있는 운동이 되어야 한다.

이를 위해선 잘 디자인된 운동프로그램이 필요한데, 이런 필요에 따라 개발된 운동이 〈통합기능운동(I.F.T : Integrated Functional Training)〉이다. '통합기능운동'은 통합적(Integrated), 단계별(Progressive), 창조적(Creative), 쉽고(Easy), 안전하며(Safe), 재미있는(Fun) 운동 프로그램으로서 통증예방이나 원하는 기능의 획득, 근력, 유연성, 지구력, 안정화, 고유수용성과 협응력 향상, 스트레스 해소. 등을 동시에(All in One) 추구하는, 세계적으로 가장 진보된 기능운동법(Functional Training Program)이라 할 수 있다.

이제 녹색혁명의 시대를 맞아 국민 모두의 '피지오에너지'를 관리할 정책과 프로그램이 필요하다. 각자의 '피지오에너지'를 어떻게 사용할 것인가? 또 공공의 '피지오에너지'를 어떻게 활용하며 결집시켜 나갈 것인가에 우리의 미래가 달려있다. 젊은이들의 '피지오에너지', 여성, 은퇴자들의 '피지오에너지'에 대한 관리와 활용방안이 마련되어야 하며, 아이부터 노인에 이르기까지 전 국민의 '피지오에너지'에 대한 개발, 활용, 관리 대책이 마련되어야 한다.

진정한 그린에너지(Green Energy)는 우리 모든 사람에게 내재된 하나님의 선물, '피지오에너지'이며, '통합기능운동'과 같이 잘 디자인된 운동을 통해 개발되고 극대화된 '피지오에너지'는 우리 개인의 삶뿐 아니라 국가와 인류의 미래를 결정짓는 가장 중요한 자원이 될 것이다.

(2012. 3. 3)

인간중심의 의료를 꿈꾸며

먼 옛날 인류는 언어가 하나였는데 문명이 발달하면서 자기들의 기술로 탑을 쌓아 하늘에까지 이르려하자 하나님이 그들의 언어를 다르게 하여 온 땅에 흩으셨다고 한다. 바로 성경에 기록된, 인간의 교만을 상징하는 유명한 바벨탑사건이다.

원래 우리 인간은 자연으로부터 필요한 것을 얻어 살아가도록 창조되었고, 오랜 세월 그 창조의 모습대로 살아왔다. 그런데 수백 년 전부터 문명이 발달하면서 각종 학문이 앞 다투어 발생하여 눈부신 진보를 거듭하였고, 우주에 인간을 보내며, 생명복제를 시도하기에 이르자 각각의 영역에서 신의 영역으로 여겨지던 일들에 도전하고 있다. 또 다시 수많은 바벨탑을 만들어 가고 있는 것이다.

의학의 경우도 예외는 아니어서 인간의 유전자를 분석하고 조작하게 되자, 마치 모든 생명현상을 규명한 것처럼 호들갑을 떨고 있다. 수많은 약을 개발하고 치료약들이 쏟아져 나오면서 각 나라들은 그 막대한 이익과 기회를 선점하기 위해 혈안이 되어있다. 서양의학은 서양의학대로, 동양의학은 동양의학대로, 영양치료 신봉자들은 영양치료로, 자신들의 방법으로 생명을 분석하고 이해하여 각종 이론을 쏟아내고 있다. 마치 그 방법이 만병통치인양, 영구불변의 진리인 양 내세우고 사람들에게 마구 시도를 하기에 이르렀다. 물론 많은 이들이 그로인해 회복된 것도 부정할 수 없으나 그로인한 부작용도 너무나 많다.

원래 우리 몸은 완벽한 조화로 되어있고, 끊임없는 자기진단과 자기수정, 보수로 회복과 재창조의 과정이 이어지는데, 이를 '생명' 즉 '살아있다'고 이야기 한다. 이런 생명현상의 한 과정이 부실해지는 것을 '병'이라고 하는데, 그것을 우리가 분석하여 원인치료를 하기에는 인체에서 일어나는 생명현상이 너무나 신비하고 복잡하게 연관이 되어있어 잘 이해할 수가 없다. 그렇다면 우리의 기술로 병을 고친다기 보다 어떻게 하면 원래의 모습으로 만들 수 있을까를 고민하는 것이 더 현명한 일이다.

1746년 영국해군은 먼 대륙 원정에 나서게 되었는데 원정에 나섰던 병사들이 피를 흘리며 죽게 되자 모든 이들이 괴혈병이라고, 전염병이 아닐까 생각하고 각종 치료를 하였으나 모두 실패하였다. 이 때 주치의로 있던 제임스 린드는 오렌지의 일종인 라임을 먹이면 병이 낫는 것을 밝혀내었고, 이후 장거리 원정 때는 배에 라임을 싣고 다니면서 먹였더니 괴혈병이 없어지게 되었다. 나중에 이 물질을 비타민이라 명명하였다.

첨단의학이 눈부시게 발전하는 오늘날 이러한 우리 의학의 역사를 돌아보는 것은 시사하는 바가 크다. 우리의 노력과 기술을 어디에 어떻게 써야할지를 보여주고 있는 것이다.

단순히 기존방법을 대체하는 것이 대체의학이 아니다. 생명의 존엄성과 창조에 대한 경외감을 갖고 생명현상이 회복되고 지속할 수 있는 방법을 찾아보는 것이 진정한 의학이다. 제임스 린드가 그랬던 것처럼 목마른 사람에게 물을 주듯이 우리 몸이 필요한 것을 채워주면 몸이 우리의 생각보다 훨씬 현명한 방법으로 회복되고 재창조될 것이다. 그렇다면 동양의학도, 서양의학도 하나가 될 수 있다. 누가 더 잘 났느냐고 경쟁하는 것은 마치 서로 누가 더 높이 탑을 쌓느냐 경쟁하는 것처럼 어리석은 일일 뿐이다.

(2012. 3. 3)

힘내라, 대한민국 IT!
-통합웹(Integrated Web)의 절대강자를 꿈꾸며

애플의 아이폰에서 시작된 스마트 경쟁은 노키아의 몰락과 구글 모토롤라의 연합 등 세상은 점입가경, 한 치 앞을 알 수 없는 무한경쟁으로 치닫고 있다. 소프트 파워를 가진 기업이 IT의 절대강자로 등극하면서 하드웨어에 기반을 둔 대한민국 IT산업의 위상도 순식간에 급전직하하고 있으며, 위기론을 넘어 너무 늦었다는 비관론까지 대두되고 있다. 물론 지난 시절 우리에게 기회가 왔을 때 좀 더 잘하지 못했던 것은 아쉬움으로 남는다.

그러나 '실패는 성공의 어머니'라고 하지 않던가. 지금 드러난 실패에 지나치게 의기소침할 필요는 없다. 더욱이 우리에게는 위기극복의 유전자가 있다. 아무것도 없던 시절, 맨주먹과 할 수 있다는 신념만으로 세계의 벽을 두드릴 때 우리에게 소니, GM, 도요다, 신일본제철 등은 애플처럼 넘기 어려운 벽처럼 보였지만 지금 우리는 그들과 어깨를 나란히 하고 세계시장에서 경쟁하고 있다.

지금의 위기도 우리는 얼마든지 극복할 수 있다. 지금 우리에게는 세계최고 수준의 제조기술과 생산기반, 뛰어난 인재 그리고 위기극복의 경험이 있다. 무엇보다 21세기 각 분야별 경계가 무너지고 융합을 통해 새로운 창조를 이루는 새로운 패러다임의 시대가 열리고

있다. 서양문명이 뉴턴으로 대변되는 관찰과 분석에 의한 창조에 기반을 두고 있다면, 동양문명은 음양오행, 상극과 상생을 통한 조화에 기반을 두고 창조해 온 통찰적 문명이다. 미래 사회의 키워드가 되고 있는 융합, 통섭(통합)은 서양문명보다 우리 동양문명이 더 잘 할 수 있는 분야다.

지금 애플이 먼저 동양적 사고를 제품개발에 응용하여 작은 성공을 거두고 있지만 그들에게 '통합(Integration)'이란 무척 이해하기 어려운 개념이다. 20세기 기술개발의 시대에 있어서는 기술산업의 역사가 일천한 우리로서는 Fast Follower가 될 수밖에 없었지만, 21세기 통섭의 시대, 모바일과 PC, TV를 아우르는 통합 웹(Integrated Web)시대에는 우리도 First Mover, 세계의 절대강자가 될 수 있다.

돈을 위해 사진조작까지 일삼는 애플을 부러워할 이유나 존경할 이유는 더욱이 없다. 우리는 근본 출발부터 애플과 달라야 한다. 경천애인 홍익인간의 숭고한 건국이념을 따라 하늘과 땅과 사람이 조화를 이루며, 전 세계인이 함께 향유하고 공감할 수 있는 새로운 개념의 IT생태계를 만들어야 한다. 이러한 생태계는 우리도 만들 수 있다. 아니 세계에서 우리 대한민국만이 할 수 있다.

지금 우리에게 필요한 것은 모든 현상의 본질(Essence)을 파악할 수 있는 통찰력(Identification)과 이를 통합(Integration)할 수 있는 끈기(Patience), 그리고 포기하지 않고 도전(Challenge)하는 열정(Passion)이다.

(2011. 8. 22)

하이힐, 그 치명적인 유혹

S라인에 미니스커트, 날씬한 다리, 뾰족한 하이힐을 신고 또각또각 자신 있게 걸어가는 여성은 지나가는 이들의 눈길을 사로잡는다. 키도 커 보이게 하고 가슴과 힙을 돋보이게 하는 하이힐은 당연히 여성들의 패션 아이템 1호다.

하이힐을 자주 애용하는 사람이라면 미니스커트를 입고 사람 많은 곳에서 넘어진 경험이 한 번쯤은 있을 법하다. 무척이나 당황스러운 경험일 것이다.

그런데 하이힐은 단순한 당황을 넘어선 많은 건강상의 문제를 가지고 있다.

첫째, 접지면이 좁아서 우리 몸이 불안정한 환경에 놓이게 되는 것이다. 힐 위에서 우리 몸은 끊임없이 중심을 유지해야하고 불안정한 가운데 동작을 수행하기 위해 몸의 근육, 특히 척추주위, 종아리, 엉덩이 근육들은 긴장하게 된다. 긴장된 근육은 통증을 유발하고 통증은 자세를 변형시키면서 또 다른 통증을 불러와 악순환이 거듭된다. 둘째, 체중이 앞으로 쏠리면서 무릎의 하중이 심해지고, 요추 전만 곡선이 심해지면서 무릎과 척추의 부담이 가중되어 무릎과 척추의 통증을 유발하는 것이다. 셋째, 발끝으로 체중이 몰려 발가락의 변형, 특히 무지외반증을 일으키는 경우가 많다. 넷째, 발은 제2의 심장이라고도 하며, 혈액순환을 담당하고 있는데 꽉 조인 신발은 이

혈액순환을 위한 펌프작용을 방해해 발이 붓게 하고 통증유발과 전신의 피로를 가중시킨다.

그런데 하이힐이 더 편하다고 하는 경우가 있다. 낮은 굽의 구두를 신으면 오히려 다리 근육이 당기고, 허리까지 아프다는 것이다. 그것은 늘 하이힐을 신고 다녀 아킬레스건이 짧아지면서 신체가 거기에 익숙해져 있기 때문이다. 이는 계속된 습관 때문에 신체가 이미 비정상적으로 변형된 것으로 볼 수 있으므로 척추의 구조적인 변화를 하나씩 바로잡아가며 척추를 정상화시켜야 한다.

이런 수많은 부작용에도 불구하고 하이힐은 정말 외면하기 힘든 유혹이다.

그래도 하이힐 신기를 원한다면 평소에 좋은 몸 상태를 유지해야 한다. 하이힐이 주는 부담을 이길 수 있는 몸으로 만들어야 한다는 말이다. 마치 에베레스트에 오르려면 많은 훈련을 해야 하듯이 하이힐을 신고 싶다면 미리 열심히 운동을 해서 준비를 해야 한다는 말이다. 제일 좋은 운동은 신발을 벗고 눕거나 앉아서 발끝을 쭉 폈다가 구부리는 동작을 자주하는 것이다. 그러면 하이힐로 인한 다리의 긴장도 풀어지고 종아리도 날씬해지고 혈액순환이 좋아져 부종도 빠진다. 그리고 매일 저녁에는 전체적인 요통체조를 해 곳곳에 쌓인 몸의 긴장을 그때그때 풀어주는 것이 중요하다.

무엇보다 하이힐 신는 시간을 줄이고, 신을 때는 가슴을 펴고 천천히 멋지게 걷자. 주위의 시선들을 즐기면서…….

인간중심의 의료를 꿈꾸며

먼 옛날 인류의 언어는 하나였는데 문명이 발달하면서 자기들의 기술로 탑을 쌓아 하늘에까지 이르려하자 하나님이 그들의 언어를 다르게 해 온땅에 흩으셨다고 한다. 바로 성경에 기록된, 인간의 교만을 상징하는 유명한 바벨탑사건이다.

원래 인간은 자연으로부터 필요한 것을 얻어 살아가도록 창조되었고, 오랜 세월 그 창조의 모습대로 살아왔다. 그런데 문명이 발달하면서 각종 학문이 앞 다투어 발생하며 눈부신 진보를 거듭했고, 우주에 인간을 보내고, 생명복제를 시도하기에 이르자 신의 영역으로 여겨지던 일들에까지 도전하고 있다. 또 다시 수많은 바벨탑을 만들어가고 있는 것이다.

의학도 예외는 아니어서 인간의 유전자를 분석하고 조작하게 되자, 마치 모든 생명현상을 규명한 것처럼 호들갑을 떨고 있다. 수많은 약을 개발하고 치료약들이 쏟아져 나오면서 각 나라들은 막대한 이익과 기회를 선점하기 위해 혈안이 되어있다. 서양의학은 서양의학대로, 동양의학은 동양의학대로, 영양치료 신봉자들은 영양치료로, 자신들의 방법대로 생명을 분석하고 이해하여 각종 이론을 쏟아내고 있다. 마치 그 방법이 만병통치인양, 영구불변의 진리인양 내세우며 사람들에게 마구 시도하기에 이르렀다. 물론 많은 이들이 그로인해 회복된 것도 부정할 수 없으나 그로인한 부작용도 너무나 많다.

원래 우리 몸은 완벽한 조화로 되어있고, 끊임없는 자기진단과 자기수정, 보수로 회복과 재창조의 과정이 이어지는데, 이것을 '생명' 즉 '살아있다'고 말한다. 이런 생명현상의 한 과정이 부실해지는 것을 '병'이라고 하는데, 그것을 우리가 분석해 원인치료를 하기에는 인체에서 일어나는 생명현상이 너무나 신비하고 복잡하게 연관이 되어있어 잘 이해할 수가 없다. 그러니 기술로 병을 고친다기 보다 어떻게 하면 원래의 모습으로 되돌릴 수 있을까를 고민하는 것이 더 현명한 일이다.

1746년 영국해군이 대륙원정에 나섰는데, 병사들이 피를 흘리며 죽게 되자 모든 이들이 괴혈병이라고, 전염병이 아닐까 생각하고 각종 치료를 했으나 모두 실패했다. 이때 주치의 제임스 린드는 오렌지의 일종인 라임을 먹이면 병이 낫는 것을 밝혀냈고, 이후 원정 때는 배에 라임을 싣고 다니면서 먹였더니 괴혈병이 없어지게 되었다. 나중에 이 물질을 비타민이라 명명하였다. 첨단의학이 눈부시게 발전하는 오늘날 이러한 의학의 역사를 돌아보는 것은 시사하는 바가 크다. 우리의 노력과 기술을 어디에 어떻게 써야할지를 보여주고 있는 것이다.

단순히 기존방법을 대체하는 것이 대체의학이 아니다. 생명의 존엄성과 창조에 대한 경외감을 갖고 생명현상이 회복되고 지속할 수 있는 방법을 찾아보는 것이 진정한 의학이다. 제임스 린드가 그랬던 것처럼 목마른 사람에게 물을 주듯이 우리 몸이 필요한 것을 채워주면 몸이 생각보다 훨씬 현명한 방법으로 회복되고 재창조될 것이다. 그렇다면 동양의학도, 서양의학도 하나가 될 수 있다. 누가 더 잘났느니 경쟁하는 것은 누가 더 높이 탑을 쌓느냐 경쟁하는 것처럼 어리석은 일일 뿐이다.

골프, 안정성(Stability)과 역동성(Dynamic)의 조화

골프는 안정성과 역동성을 동시에 요구하는 정중동(靜中動 혹은 停中動, Dynamic Stability)의 운동입니다. 그런데 불행하게도 기존의 운동법에는 안정성과 역동성을 동시에 추구하는 운동이 없습니다. 허리 근력운동, 하체단련, 유연성 운동같은 부분적이고 단편적인 운동들은 골프의 스윙에 실질적인 도움이 되지 않습니다.

〈IFT (Integrated Functional Training) 통합기능운동〉은 안정성(Stability)과 역동성(Dynamic), 열린사슬운동(OKCE)과 닫힌사슬운동(CKCE)을 통합하였을 뿐 아니라, 신체의 7대 기능인 근력(Strength), 유연성(Flexibility), 지구력(Endurance), 심폐기능(Cardio-Pulmonary Function), 순발력(Agility), 안정성Stability), 고유수용성(Proprioception)을 동시에(All-in-One) 통합적으로 훈련시켜 짧은 시간에 효과적으로 부상을 방지하고 경기력을 극대화시킬 수 있는 최신 개념의 운동법으로, 순간적인 온 몸의 밸런스와 안정성, 근력, 유연성을 요하는 골프를 위한 최고의 운동 프로그램입니다.

안정성(Stability) :

양발과 단전을 잇는 하체, 단전과 양어깨를 잇는 몸통, 양어깨와 손을 잇는 상체의 삼각형을 견고하게 만들어야 한다. 특히 하체는 중심이동 중에도 안정성을 유지하여야 한다.

역동성(Dynamic) :

발에서 무릎, 골반, 어깨, 팔까지 이어지는 에너지의 흐름이 순차적으로 리드미컬하게 이루어져야 한다. 또한 좌하지에서 좌상지(녹색), 우하지에서 좌상지(노랑색), 우하지에서 우상지(청색), 좌하지에서 우상지(적색)를 연결하는 운동감각네트(Kinesthetic Net)가 역동적으로 잘 작동되어야 한다.

〈IFT 통합기능운동〉은 천장을 이용하는 현수장치(Sling)와 밸런스매트, 밸런스보드, 짐볼 등 소도구들을 이용하므로 실내연습장이나 클럽하우스의 작은 공간에도 운영과 설치가 가능하여 매우 경제적이며, 언제 어디서나 남녀노소 누구나 수준에 맞게 할 수 있는 국민운동 프로그램입니다.

IFT통합기능운동에 하루 10분, 라운딩 전 10분만 투자하십시오. 새로운 골프인생이 시작됩니다.

통합기능운동 수련 및 특강문의 (053) 256-0075
관련자료 http://cafe.daum.net/I.F.T.C/

보도자료

평화연합신경외과의
환자맞춤형 비수술적디스크치료

우리 주변에는 디스크로 고생하는 사람들이 많다. 더욱이 디스크는 수술을 통한 완치가 쉽지 않아 환자들에게 고통이 더하고 있다. 이를 바탕으로 요즘 비수술적디스크치료가 각광받고 있다. 비수술적 치료전문병원 평화연합신경외과의 최상준 원장이 제안하는 비수술적 디스크치료의 원리에 대해 들어보았다.

병의 종류에는 방치해두면 병이 커지기 때문에 조기진단과 치료를 필요로 하는 악성질환과, 별다른 치료 없이도 자가적으로 치료되기도 하는 양성질환이 있다. 그렇다면 '디스크를 양성이라고 생각하세요? 악성이라고 생각하세요?'라는 질문에 당신은 어떻게 대답할 것인가. 최 원장은 단호하게 양성질환이라고 말한다.

흔히 디스크라 불리는 병은 척추와 추간 사이에서 완충역할을 하는 디스크가 외부자극으로 인해 제자리를 잃고 비뚤어지면서 밀려나오게 되는 것을 말한다. 이때 주위 신경을 자극하여 통증을 느끼게 되는 것이다. 허리디스크는 요추의 디스크가 밀려 신경을 자극하는 것으로 신경을 누르는 부위에 따라 통증 부위나 정도가 달라진다. 즉 같은 디스크라고 해도 환자 개개인에 따라 다른 치료방법을 요하는 것이 허리디스크다.

대부분의 병원에서는 환자에게 디스크라는 진단이 내려지면 수술할 것을 권한다. 환자 또한 통증으로 인한 고통으로 수술을 서두르게 되는 것이다.

그러나 통증이 심하다는 이유로 수술을 선택하는 것은 환자 개개인의 체질과 라이프스타일에 따른 증상을 고려하지 않은 일률적인 방식으로, 수술 받은 환자들이 병을 완치하지 못한 채 다시 병원을 찾는 확률이 10~20%나 된다고 한다. 결코 작은 수술이 아닌 디스크 수술임을 염두 할 때, 디스크를 수술로 완치하고자 하는 것은 제고의 필요성이 있다.

이러한 시점에서 비수술적디스크 치료가 각광받고 있다. 또한 응급치료가 극히 드문 양성질환인 만큼 이 비수술적디스크 치료가 디스크를 치료하는데 있어 더욱 적합하다고 한다.

최 원장은 "비수술적디스크 치료는 우는 아이에게 사탕을 주는 것에 비유할 수 있어요. 우는 아이의 입을 강제로 막는 것이 아니라 달래는 것이죠. 여기서 입을 강제로 막는 것은 수술을 말하고, 사탕은 비수술적치료를 말하는 것입니다."라며 비수술적디스크 치료에 대해 알기 쉽게 설명해주었다. 또한 우는 아이를 달래는 방법에는 여러 가지가 있기 때문에 이 비수술적디스크 치료 또한 개개인의 체질과 증상에 따른 다양한 치료 방법이 있다고 덧붙였다.

비수술적디스크 치료는 크게 두 단계로 나누어 진행되는데, 1단계는 조절단계로 환자들의 활동을 제한하고, 물리치료, 통증완화제 등으로 치료하며, 이 기간을 약 2주 동안으로 보고 있다. 이 치료 과정을 마치면 통증이 없어지게 된다. 이때 통증이 없어졌다고 해서

치료를 중단한다면 재발할 확률이 높아지기 때문에 주의해야 한다. 2단계인 기능회복 단계는 재활단계로 환자가 자신의 병에 대한 이해를 가지고 능동적인 자세로 꾸준히 치료에 임하는 것이 중요하다. 평화연합내과신경외과에서는 2단계에 효과적인 치료 방법으로 뉴밸런스, 네오밸런스 등을 일대일재활치료 방식을 통해 선보이고 있다. 또한 매주 요통교실을 열어 환자들에 이해도 돕고 있다.

글/도은미 기자 miwoo38@hanmail.net

(2006. 9. 25)

보도자료

'새로운 의료서비스의 시작', 평화신경외과
-진단과 치료, 재활에서 복지까지

　　평화신경외과의원은 1996년 지역최초의 두통-요통-신경통 전문 클리닉으로 개원하여 현재는 지하1층 지상 5층 건물에 신경외과 내과 전문의가 전신CT, 최신 동영상 적외선 촬영기, 뇌혈류검사기, 동맥경화조기진단기, 심장초음파, 전자내시경 등 각종 첨단진단장비를 갖추고 디스크(좌골신경통) 만성두통, 오십견 등 각종 급만성 난치성 통증뿐 아니라 어지럼증, 뇌졸중(중풍), 치매, 고혈압, 당뇨, 심장질환, 소화기 질환 등 노인성 질환의 전문진료와 나아가 재활(네오밸런스 운동센터) 과 전인적 돌봄(24시간 요양병동, 주간돌봄 서비스) 까지 새로운 의료서비스를 제공하고 있다.

　　또한 최고 수준의 물리치료실과 최신개념 유럽형 재활운동센터(네오밸런스)를 갖추고 만성통증과 수술 후 회복기 환자, 마비환자의 재활치료를 시행하고 있으며, 일반 입원실과 24시간 간병하는 탁 트인 전망의 요양병동, 남녀 샤워실, 식당, 옥외공원을 갖추고 있다. 특히 지하1층에는 음악회, 영화감상, 각종 세미나, 건강교실을 위한 100석 규모의 문화공간(평화 아트홀)을 갖추어 고혈압, 당뇨 등 각종 성인병과 혈관질환, 노인성질환, 신경통, 관절통증 환자들을 효과적으로 치료할 뿐 아니라 재활과 문화공간, 요양시설을 갖춘 새로운 형태의 통증-노인질환 전문의원이다.

매주 수요일을 '생활습관병 예방의 날'로 선포하고 이날은 1시30분에 아트홀에서 건강강좌를 실시하고 있으며, 건강백세 걷기대회 등 지역주민을 위한 각종 행사를 개최하여 치료뿐 아니라 예방과 계몽에 적극 앞장서고 있다.

또한 눈앞에 닥친 초고령화 시대를 맞아 지역 내의 여러 단체 사람들과 함께 복지네트워크를 구성하고 다양한 의료서비스를 개발하여 '대학병원-노인전문병의원-요양원, 재택요양-실버타운으로 이어지는 전사회적인 Care-System을 구축하고자 하는 비전을 갖고 있다.

삼원색에서 배운 융합과 창조의 원리

2014년 1월 23일 인쇄
2014년 2월 3일 발행

지은이 | 최상준
펴낸이 | 손희경
펴낸곳 | 책마을
등록제 2013-000021호
신고일 | 2007년 8월 7일

주소 / 경기도 화성시 효행로853번길 23, 2동515호
전화 (070) 4064-5344
FAX (070) 4064-5344
E-mail moonin02@hanmail.net

값 15,000원

ⓒ최상준
ISBN 978-89-93329-24-7
이 책의 무단전재 및 복제행위는 저작권법에 의거, 처벌의 대상이 됩니다.